策略 ブラック仕事術
誰にも言えない手抜きな働き方

中村 健一 著

明治図書

はじめに

最近覚えた、若者の言葉がある。

「コスパがいい」「コスパが悪い」

という言葉である。

「コスパ」とは、「コストパフォーマンス」の略。「費用対効果」という意味だ。支払った「費用」と、それによって得られた「効果」を比較する。「費用」に対して「効果」が大きければ、「コスパがいい」。「費用」に対して「効果」が小さければ、「コスパが悪い」と、表現される。

俺も、若者言葉に詳しくなったものだ。「映える」とか「ぴえん」、「マジ卍」だって、分かるもんな。えっ!?古い?

せっかく覚えた「コスパ」という言葉だが、教育現場で聞くことはない。

たとえば、研究授業である。驚くほどたくさんの準備をして、研究授業に臨む教師は多い。

そんな教師に対して、研究協議で、

「こんなにたくさんの準備をして、この授業、コスパが悪すぎませんか？」

なんて声を、聞いたことがない。

「この準備物は無駄だと思うので、削ってコスパを上げましょう」

なんて提案も、聞いたことがない。

それどころか、過剰な準備には、賛辞が贈られる。

「これだけの準備は、大変だったでしょう。先生の熱意が伝わってきます」

そう。学校現場では、時間をかけることは、美徳なのだ。子どものために全力を尽くすことは、素晴らしいことなのだ。

そして、私も、全力で研究授業の準備をした教師を、非難したことはない。私は「和をもって尊しとなす」が、信条の男だ。波風を立てるような発言はしない。黙っている。

しかし、私は、心の中で思う。

「この授業、コスパが悪すぎるな。もっと楽して成果を出さないと、年間1000時間を超える授業では、絶対に無理だ。使えない」

この話、授業だけではない。学級づくりでも、そうだ。

できるだけ手をかけ、時間をかけ、子どもたちのために全力を尽くした学級づくりが称賛される。

こんな教師たちに、本書のタイトル「手抜き」を提案するのは、危険かも知れない。

しかし、私は、『ブラック』で売っている男だ。多くの非難を受けてきた。

でも、全然、へっちゃら。「和をもって尊しとなす」は、職場での信条だ。職場を一歩出てしまえば、関係ない。

どうせ、一生のうち、数回しか会わない方々である。そんな人たちから批判されても、痛くも痒くもない。ましてや、会ったことのない方の批判など、へのかっぱである。

この本で主張したいことは、実にシンプルだ。

教師たちよ。もっと手を抜いて、コスパを上げよう。
効率を上げて、要領よく学級づくり、授業づくりをしよう。
上手く手を抜かないと、体を壊しちゃうぜ。

そう。一生懸命、全力で働いて、結果を出すのは当たり前。手を抜いて、楽をしても、結果を出すのがプロなのだ。
本書は、ベテランのプロ教師が、手を抜いてきた事実を赤裸々に語る本である。
今まで明らかにされてこなかった衝撃の事実が、ここにある。

真面目な教師たちよ、黒くなれ！
忙しすぎる現場を生き抜くために、手を抜くのだ。

私は、上手に手を抜いて、厳しい現場を生きてきた。30年以上、生き続けてきた。
いや、違う。手を抜き続けたから、30年以上、生き続けられたのだ。
厳しい教育現場を生き抜く極意は、「手抜き」にこそある。

２０２２年７月28日　52歳の誕生日に

中村　健一

もくじ

はじめに　2

第1章

「日常」ちょっとの手抜き術

10分休みを笑う者は、長時間残業となる

定時で帰る教師には、幸がある……12

「学級崩壊」予防で「手抜き」が叶う……16

その後のために、4月だけは、がんばっておく……19

「マンガ」で子どもを黙らせよ……22
仕事はためずに「貯金」せよ……26
無理は長くは続かない……31
仕事は先取り、いやらしく先を読め……35
小さな仕事は、即つぶせ……38
「定時帰宅♪」から「逆算」して仕事せよ……41
手抜きには、朝イチの「作戦タイム」が必須……46
朝イチのスタートダッシュで帰宅を早めよ……50
テストは朝イチ。即採点で、放課後仕事をなくせ……53
子どもは、早く帰らせろ……58
帰りの会は、「授業中」に終わらせてしまえ……61
手抜きのための「席替え」カードを手放すな……65
保護者の怒りを買わねば、手抜き授業で大丈夫……68
子どもが見えれば、手抜き授業も盛り上がる……73
子どもに作業させ、教師は休め……77

手抜き授業も、終わりで帳尻を合わせよ……80
泣く子に関わる時間は、無駄……84
子どもを「人材」として、利用せよ……87

第2章

「非日常」大きな手抜き術

仕事は仕分けと段取りでコスパが上がる

提出袋1つで、配付と催促の手間を省け……92
子どもの名前を早く覚えて、時短せよ……95
教材選びは、人任せ……98
文書は読まずに捨てろ……101
最初の手抜きより、後の手抜き……105
社会人失格でも、家庭訪問のアポ取りは省け……109
被害者へ先に電話すれば、1つ時短……112

「手抜き」を喜ぶ保護者もいる……116
休んだ子のために時間を使うな……119
個人懇談は「最後に」と、話を切れ……122
通知表の所見は、人真似をせよ……127
道徳や総合的な学習の所見は、アンケートで手を抜け……130
完璧な評定は無理と、あきらめよ……135
誰も読まない指導要録に心砕くな……139
研究授業の指導案は、コピペで作れ……142
教師は段取り力で楽できる……146
必要のない争いからは、手を引け……150

第3章

ブラックの「おまけ」を愛する読者に捧ぐ

人を罵倒するような人間は、不幸になれ！……154
出品作品は、親の顔色を見て決めよ……157
保護者をヨイショし、涙を誘え……160
負け戦で相手に要求するなよなあ……163
児童の仮面をはがすなんて、もってのほか……167
『ブラック』を書いてきて、良かったなあ……170

第1章

「日常」ちょっとの手抜き術

10分休みを笑う者は、長時間残業となる

定時で帰る教師には、幸がある

私は、勤務時間終了の16時40分、いわゆる定時で帰ることを原則にしている。

ＴＢＳ系で「わたし、定時で帰ります。」というＴＶドラマがあった。２０１９年か。結構、昔だな。その中で、吉高由里子さんが演じた主人公と全く同じだ。私も定時になると、サッと帰ってしまう。

すぐにビールを飲んでしまうところも、一緒。彼女は、中華料理屋。私は、家で。多少の違いはあるが、すぐに飲む。こんなところにも、共感して見ていたのを覚えている。

定時に帰ってしまうのは、教師として、悪いことだろうか？いや、いいことだと思う。

いや、素晴らしいことだな。

なぜなら、私は、

定時に帰ってしまう教師が、クラスを壊したのを見たことがない

からである。つまり、定時に帰ってしまえば、学級崩壊しないということ。

定時に帰ってしまうことは、学級崩壊予防になる

と言ってもいいだろう。

ここまで読んだ読者は、

「じゃあ、教師はみんな、定時で帰ってしまえばいいじゃんか」

なんて、簡単に考えるかも知れない。しかし、話は、そう簡単ではない。

定時に帰ってしまうためには、定時までに仕事を終わらせなければならない

からだ。

当たり前の話である。仕事が終わらないのに、毎日定時に帰ってしまっては大変だ。どんどん仕事がたまってしまう。にっちもさっちも行かなくなる。

そして結局、夜遅くまで残って、仕事をすることになってしまう。休みの日に学校に出てきて、仕事をすることになってしまう。

では、定時までに仕事を終わらせるには、どうするか?手を抜くことが必要だ。いや、教師は良心的だ。「手抜き」という言葉には、抵抗があるかも知れない。まあ、この本は、『ブラック』。抵抗がある言葉だから、「手抜き」をタイトルに使っているのだけどね。

「手抜き」が嫌なら、「段取り」と言い換えてもいいだろう。

定時に帰ってしまう教師は、段取り能力が優れている。段取り能力が優れているから、仕事を早く終わらせることができる。

実は、学級づくりにも、段取り能力が必要である。後から述べるが、学級づくりは、4月が全てである。その中でも、特に大事なのが、最初の1週間。

この1週間で、学級のルールは、全て教える。朝来てから、帰るまで。子どもたちが迷うことなく1日を過ごせるようにする。1週間で、それができなければ、クラスを軌道に乗せることは難しい。

学級には、いろいろなルールがある。それらをわずか1週間で、抜けなく、子どもたちに全て伝える。

最初の1週間だけを見ても、教師に優れた段取り能力が必要なことが分かるだろう。

学級を成り立たせるためには、段取り能力が必要だ。

本書で「手抜き」、いや、「段取り」能力を学ぼう。

子育て世代の教師たちは、子どものお迎えの時間がある。そこで、なんとか段取りをして、時間に間に合うように仕事をしている。

特に予定がない人だって、同じようにするべきだ。時間は、無限ではない。時間を全て教育に捧げてはダメなのだ。自分のために、時間を確保しよう。家族のために、時間を確保しよう。いずれにせよ、人生の時間は限られている。

段取り能力を身につけて、定時に帰れるようになろう。段取り能力を身につけたあなたは、学級も上手につくれるようになるに違いない。

「学級崩壊」予防で「手抜き」が叶う

私は定時（勤務終了の16時40分）で帰ることを原則としている。それは、上手に「手抜き」をしているからに他ならない。

教師の仕事は「ブラック」と言われ続けている。確かに、遅くまで残って仕事をしている教師は多い。そんな教師たちに、ぜひ、本書を読んで欲しい。そして、「手抜き」の「策略」を学び、少しでも早く帰れるようになって欲しい。

教師は、仕事だけに生きる必要はない。もっと、自分や家族を大切にするべきだ。自分や家族のために時間を使うべきだ。

そのために「手抜き」は、大事な「策略」なのである。

では、手を抜くために一番大切な「策略」は何か？

手を抜くためには、学級崩壊させないことが一番大切だ。

考えてみれば、誰にでも分かることである。

崩壊学級では、様々なトラブルが起きる。ケンカ、暴力、靴隠し、登校しぶり、女子同士の対立などなど。トラブルが起きない日は、ない。毎日、起きる。毎日、何回も起きる。トラブルが起きれば、教師はその解決に、時間を割かなければならなくなる。子どもから話を聞いたり、保護者に連絡をしたり。どうしても、トラブルの処理、対応を優先せざるを得ない。

ただでさえ忙しい教育現場である。教師の仕事は、山のようにある。しかし、それらの仕事は、トラブルが解決してから。

こうして崩壊学級の教師は、夜遅くまで残って、仕事をするようになる。休日に学校に来て、仕事をするようになる。

崩壊学級では、いじめも起きる。しかも、重大事案に発展しやすい。重大ないじめ事件の背景には、学級崩壊がある。重大ないじめ事件が起きているのに、クラスは安泰。そんな状況は、あり得ない。

事実、ある県のいじめの重大事案は、全て崩壊学級で起こったものだった。

いじめが起きれば、大変だ。担任教師は、その収束に向けて全力を尽くさなければならなくなる。いや、まず、収束はできない。それでも、教師は全力でがんばらざるを得ない。そうしないと、いじめを受けた子も、その保護者も、周りも、納得しないからだ。

いじめの解決は無理だと知りながらも、担任教師は全力で対応し続けることになる。管理職も、同僚も、教育委員会までもが、対応に振り回される。

そうなれば、「手抜き」どころの騒ぎではない。だから、

「手抜き」をするためには、いじめを起こさせないことが大切だ。
いじめを防止するためには、安定した学級をつくることが一番の予防策なのである。

安定した学級をつくるためには、4月が一番大事である。

次のページから、4月の学級づくりについて述べる。4月の学級づくりを学んで、崩壊しない学級をつくろう。それが、「手抜き」への道である。

その後のために、4月だけは、がんばっておく

学級づくりで、一番大切なのは、4月である。だから、4月は、「手抜き」ができない。私も、手を抜かず、全力で学級づくりをする。「策略」を巡らせ、4月で学級を軌道に乗せるのだ。

「私は、勤務時間終了の16時40分、いわゆる定時で帰ることを原則にしている」と、冒頭に書いた。しかし、

4月は、「原則」外。定時に帰ることができなくても、学級づくりを優先する。

私は、ずっと、

学級づくりは4月が全て！
～最初の1ヶ月死ぬ気でがんばれば、後の11ヶ月は楽できる～

と、言っている。いや、これは、「明日の教室DVDシリーズ第36弾」（有限会社カヤ）のタイトル。この私のDVDは、シリーズで一番の売れ行きだそうだ。ちょっと自慢。

「4月が全て！」のタイトル通りである。学級が1年間もつかどうかは、4月の1ヶ月で、100％決まってしまう。だとしたら、手は抜けない。

4月の1ヶ月、全力でがんばるのは、後の11ヶ月楽するための投資である。

未来の自分への「投資」だと思って、ここは、コストをかけておく。手抜きはしない。

本書は、「学級開き」がテーマではない。そこで、概略だけ紹介しておく。

私は、4月の学級づくりを「0」「1」「3」「7」「30」に分けて行う。「0」は、新年度が始まる前。「1」は、新年度初日。「3」は、新年度初日から3日間。「7」は、新年度初日から1週間。「30」は、4月の1ヶ月。

尊敬する野中信行氏の「3・7・30の法則」（野中信行著『困難な現場を生き抜く教師の仕事術』（学事出版））をもとにしたものである。


「0」…学級づくりに必要な全ての「策略」を練っておく（どんなルールにするか？そのルールを、いつどうやって教えるか？など）。

「1」…子どもの心をつかむ（楽しいネタを連発する。とにかく褒める）。

「3」…厳しい教師であることをアピールする（学級の柱となるルールを3つ教える。叱るパフォーマンスをする）。

「7」…子どもたちが迷うことなく1日を過ごせるようにする（朝来てから、帰るまで。学級に必要なルールを全て教える）。

「30」…教えたルールを徹底する（合言葉にして、くり返し言わせる。しつこく確認。できたら、褒める。できなければ、叱って、やり直し）。


大事な4月の「策略」である。詳しくは、『策略―ブラック学級開き　規律と秩序を仕込む漆黒の三日間』を読んで欲しい。

「マンガ」で子どもを黙らせよ

静かに自習できるクラスをつくれれば、教師は「手抜き」ができる。子どもたちを監視することなく、自分の仕事に没頭できるからだ。

安定したクラスをつくっても、静かに自習させるためには、ある程度の「策略」が必要だ。一番の「策略」は、

子どもたちが何をすればよいか分からない「空白の時間」をつくらない

ということだ。「⑴漢字ドリル⑬⑭番をする」「⑵漢字ノート1ページ、漢ド⑮番を練習する」と、子どもたちがすべきことを黒板に明示しておく。

そして、最後は、「勝利の読書」にすることが多い。「勝利の」とある以上、子どもたちにとって、ご褒美にならなければダメ。せっかく早く、課題を済ませたのだ。いや、早く課題を済ませたくなるような、ご褒美を用意することが必要だな。

そのためには、マンガが一番。私の教室には、100冊以上のマンガが常備してある。これ、実は、荒れた学校に勤務していた時に集めたもの。荒れた学校の子どもたちは、ザワザワと落ち着かない。常に誰かが、口を開いている状態だ。そこで、マンガを与えてみた。すると、黙った。

荒れた学校でも、マンガがあれば、子どもたちは夢中で読んだ。教室がシーンとする時間が、つくれたのだ。

荒れた学校の子どもたちでさえ、そうなのだ。普通の学校の子どもたちは、もっとそう。マンガさえあれば、集中して読んでくれる。

『ブラック』で、「沈黙の時間」の大切さを、くり返し言っている。ずっとザワザワしているクラスは、落ち着かない。必ず、荒れていく。

学級を荒れさせないためには、沈黙の時間が大切だ。沈黙を生むために、マンガは、非常に有効なアイテムなのである。

そこで、私は「策略」として、教室にマンガを置き始めた。主に、ブックオフで買い求めた100円の商品ばかりである。

しかし、どんなマンガでもいいというわけではない。教室に置くのである。子どもたちの教育に有効だという、ある程度の「言い訳」が必要だ。

たとえば、私が一番好きなマンガは、『酒のほそ道』（ラズウェル細木著、日本文芸社）。このマンガを読みながら晩酌をするのが、毎日の楽しみだ。しかし、『酒のほそ道』を教室に置くわけにはいかない。「子どもを先生のような飲兵衛《のんべえ》にするのか！」と、保護者から苦情が来る。当たり前か。

一番言い訳しやすいのが、歴史物。私の教室には、『三国志』（潮出版社）など、横山光輝氏の歴史マンガが、たくさん置いてある。

ファンタジーではあるが、『信長協奏曲』（石井あゆみ、小学館）、『お〜い！竜馬』（武田鉄矢原作・小山ゆう作画、小学館）なども、置いてある。ただし、『お〜い！竜馬』は、もともとは、青年誌で連載されていたもの。多少、エロいシーンが出てくる。過剰に反応するやんちゃ君や、保護者がいる場合には、厳禁である。

次にオススメなのが、手塚治虫氏の作品だ。私の教室にも、『火の鳥』（いろいろな出版社のものがあった）を始め、様々な手塚作品が置いてある。『ザ・クレーター』（秋田書店）なんて、懐かしいな。私も、小学生の時、夢中になって読んだ。

国語の教科書に、手塚治虫氏が取り上げられていたことがある。だから、教室に置きやすい。また、手塚作品は、単なるマンガではなく、芸術として認められている節がある。学校の図書館にも、もちろん置いてある。保護者から、苦情が来る心配も少ないだろう。

ちょっと古い本だが、『栄光なき天才たち』（伊藤智義作・森田信吾画、集英社）は、日本や世界の偉人の人生が学べる良書だ。ＮＨＫ関係も、置きやすい。『コミック版　プロジェクトX　挑戦者たち』（ＮＨＫプロジェクトX制作班、宙出版）、『ＮＨＫ　その時歴史が動いた　コミック版』（ＮＨＫ取材班編、ホーム社）などのシリーズも、オススメ。

きちんと「言い訳」を用意して、教室にマンガを充実させるという「策略」を実行しよう。子どもたちは、静かにマンガを読み、あなたの「手抜き」が実現する。

仕事はためずに「貯金」せよ

私は、ほぼ毎日、学級通信を発行している。毎日学級通信を発行すれば、サボっているようには、見えない。「手抜き」をしているようには、見えない。

それどころか、熱心である印象を、保護者に与えることができる。子どものことをよく見ている教師である印象を、与えることができる。

くり返すが、私は、定時に帰ってしまうような手抜き教師だ。そんなに、教育熱心なわけではない。教育よりは、自分の時間の方が、はるかに大切である。30年も教師を続けてきたので、惰性でやってしまっていることも多い。

それでも、ほぼ毎日、学級通信を発行すれば、熱心な教師である印象になる。私にとって、学級通信は、非常に有効な投資なのである。

別に、学級通信でなくていい。保護者に「こんなに働いているんだ」と、アピールできる武器を持とう。上手くアピールできれば、「手抜き」しているようには見えない。

「手抜き」をしていることがバレては、ダメなのだ。

しかも、私は、学級通信を作るのに時間をかけない。A４サイズの１号を、大体10分から15分で作ってしまう。

30年間、ほぼ毎日発行し続けているのだ。頭の中に記事の文例のようなものが、いくつも入っている。その文例に当てはまる子どもの事実があれば、すぐに記事が書ける。いくつか記事を集めれば、楽に１号が完成である。

それに、レイアウトは、固定してある。タイトルの左右にイラストがある。このイラストは、毎回、一緒。さすがに、イラストの１枚もない、文字ばかりの学級通信は読みにくい。イラストは必要だ。でも、イラストを固定すれば、時間を取られない。

イラストなど、手を抜けるところは、できるだけ抜く。できるだけ楽に、時間をかけずに作る工夫をする。

これが、ほぼ毎日発行するコツである。

鋭い読者は気づいただろうか。先ほどから私は、「毎日発行」と書いている。


実は、私は学級通信を、毎日作っているわけではない。

時間がある時に、作りだめしているのだ。


作りだめしておくことが、ほぼ毎日発行するための、一番のコツである。

教師という仕事は、忙しい。学級通信1号を10分で作れると言っても、その10分の時間さえ取れない時がある。定時に帰ってしまおうと思えば、なおさらだ。毎日10分も、学級通信を作るために、時間を取ることはできない。

そこで、時間のある時に、作りだめをする。大体、火曜日か水曜日には、次の週の学級通信が、全部できている。これが、私の決まったペースだ。

鋭い読者は、さらにお気づきだろうか。私は「ほぼ毎日」と書いている。実は、発行しない日もある。年に数日だが、学級通信を配らない。作りだめしない学期末に多いかな。

子どもたちは、学級通信を楽しみにしている。そこで、発行しない日があると、「今日は、学級通信ないの!?」なんて、文句を言う。

しかし、私は、気にしない。その分、学級通信を2号発行する日もある。差し引きすれば、毎年、確実に出席日数を上回る号を発行している。熱心な教師であることをアピールするには、十分だろう。

たまに発行しない日がある理由は、いたってシンプル。

気分が乗らない時は、作らない

ことにしているからだ。こんな理由で?と、驚かれる読者もいるだろう。しかし、

無理してまで、毎日発行にこだわらない。

無理しないことが、長く続けるためのコツなのだ。


と、強く思う。

事実、私は無理しないから、学級通信を30年間も「ほぼ毎日」発行し続けてこられたの

だ。この事実は、証拠として強い。

ちなみに、学級通信を有効に機能させるためには、

学級通信を配ったら、必ず読み聞かせる。配りっぱなしにしない

ことが最重要である。配りっぱなしでは、子どもたちは、読まない。読んでもらえない学級通信に労力を使うのは、愚の骨頂である。

みんなの前で読み聞かせてこそ、学級通信は力を発揮する。みんなの前で読み聞かせれば、その記事に書いてある子どもを、褒めることになるからだ。みんなの前で、活字になった自分が褒められる。だから、子どもたちは、学級通信を心待ちにする。

いかに「手抜き」をして作っているとはいえ、せっかく作った学級通信である。作った以上は、最大限の効果を引き出すべきだ。

楽して作って、効果はバツグン。私の学級通信は、まさに「コスパの高い」代物だ。

無理は長くは続かない

私は、ほぼ毎日、学級通信を発行している。そして、学級通信と同様、ほぼ毎日、続けていることがある。それは、昼休みに、子どもたちと外で遊ぶことだ。

ちなみに、

昼休み、全員が外で遊ぶのは、良いクラスの証拠である。
逆に、悪いクラスの子どもたちは、昼休み、多くが教室に残っている。そして、悪さをする。

私が30年の教師人生で発見した「中村の法則」である。

だから、私は、「昼休みは？」（教師）「外で遊ぶ！」（子どもたち）という合言葉をつくっている。そして、合言葉の約束通り、子どもたちは全員、昼休みは外で遊ぶ。

問題の起こりにくい良いクラスをつくるための「策略」として、昼休みに外で遊ぶというルールは欠かせない。クラス全員が外で遊ぶのは、学級崩壊予防の1つである。

私も、ほぼ毎日、子どもたちと外で一緒に遊んでいる。これも、良いクラスをつくるための「策略」だ。

子どもたちは、先生と一緒に遊ぶことが大好き。毎日、一緒に遊ぶのを楽しみにしてくれる。そして、一緒に遊んでくれる先生を好きになる。

学級崩壊は、担任と子どもたちとの人間関係の崩壊なのである。

拙著『策略―ブラック学級崩壊サバイバル術』（28ページ）に書いた言葉である。学級崩壊の真実を言い当てている。我ながら、名言だと思う。

学級崩壊しないためには、担任と子どもたちとの人間関係を築くことが必要だ。一緒に遊ぶだけで、子どもたちは「先生、好き」と、思ってくれるのだ。

だから、昼休みに一緒に遊ぶという「策略」は、私のようなベテラン教師でも、手放せない。若手教師は、もっとそうだろう。

だから、私は昼休み、ほぼ毎日、子どもたちと遊んでいるのだ。

鋭い読者は、お気づきだろう。いや、しつこい。気づかない方が、おかしいよな。

私は、先ほどから「ほぼ毎日」と書いている。つまり、遊ばない日もあるということだ。

では、どんな日に遊ばないか？ 私が面倒くさいと、感じる日である。

私は、子どもたちと外で遊ぶのが好きだ。子どもたちの誰よりも盛り上がって、全力で遊ぶ。実は、これ、演技ではない。私は、ドッジボールも、ケイドロも、バスケットボールも、だ〜いすき！ だから、「策略」としてでなくても、楽しんで遊べる。

しかし、たまには、休みたい時もある。まあ、月に一度、あるかないかだな。

そんな時は、もちろん、「今日は、面倒くさいから」なんて、本当の理由は言わない。

適当に、理由をつくって言う。

一番多いのが、「他の学年で、生徒指導の問題が起きたから」である。生徒指導主任としての仕事であれば、子どもたちも文句は言わない。仕方ないと、あきらめてくれる。

29ページでも、同じようなことを書いたが、

ほぼ毎日続けるコツは、無理をしないことだ。必ず毎日にこだわらずに、休みたい時は休もう。

毎日にこだわりすぎると、辛くなる。そして、一度やめてしまうと、そこで終わりなんてことになりかねない。だから、私は、学級通信も、昼休みに遊ぶのも、ほぼ毎日である。読者も無理することはない。だから、毎日子どもたちと外で遊ぶのは、あくまで理想。人には、それぞれ事情がある。体が弱い人もいれば、遊ぶのが嫌いな人もいる。事情を無視して、理想を追っても、いいことはない。

だから、たとえば、子どもたちと遊ぶのは、水曜日は休みで、週4日にする。月、水、金の、週3日にする。1日おき。など、自分の無理のないペースで取り組めば十分だ。

自分の無理のないペースで「続ける」

ことが「策略」として大事である。「続ける」ためには、たまの「手抜き」が欠かせない。

仕事は先取り、いやらしく先を読め

大体、火曜日か水曜日には、次の週の学級通信が全部できている。これが、私のペースである。学級通信で言えば、1週間分以上の作りだめをしていることになる。仕事の「先取り」をしていると言っていいだろう。

では、他の仕事はどうか？他の仕事も、かなり先取りだ。

できる仕事は、ためない。「先取り」してやってしまう。

こんな癖が、私にはついている。

たとえば、学年通信である。学年通信は、基本的に、月に1回発行される。学級通信とは違って、行事の予定など。事務的な連絡が多い。

だから、去年の担任が残してくれた学年通信のデータをもとにして作る。今年の行事予定などを見て、変更点を修正するだけだ。だから、学年通信は、学級通信より、さらに時間がかからない。

この話、学年通信に限らない。たとえば、校務分掌でも、前の年のデータが残っていることが多いはずだ。

できるだけ前のデータを、修正して使うようにする。

これは、時間をかけずに文書を作るコツである。って、さすがに誰でもやっているよね。たとえ、真面目な教師でも。

まあ、何事も0（ゼロ）から作るのには、時間がかかる。時間を省略するためには、人が作ったものを使って、OK。オリジナリティにこだわらないことが大切だな。

学年通信は、月の2週目ぐらいには、翌月の1日に発行する号を完成させている。本当は、もっと早く作りたいぐらいだ。しかし、私の勤務する学校では、月の1週目の職員会議で、翌月の行事予定が示されることが多い。それを受けてからでないと、学年通信は作れない。だから、我慢をしている。

遠足などの、いろいろな届けを出すのも早い。春休み、職員会議で担任が決まる。決まれば、すぐに見学地に電話して、予定を押さえてしまう。そして、必要な書類を作って、送ってしまう。

書いていて思ったが、これ、ベテランだからできる技だな。我々ベテランは、1年間で自分がすべき仕事が、全部分かっている。だから、「先取り」してできる。

若手は、まずは1ヶ月の仕事を見通そう。1ヶ月の行事予定を見て、自分のすべき仕事を書き出す。そして、予定の早いものから、どんどん「先取り」してやってしまえばいい。

えっ!?行事予定を見ても、やる仕事が分からない?そんな時、あなたがすべきは、ただ1つ。「来月の予定で、私がする仕事はありますか?」と、先輩教師に聞くことだ。

学年主任に、同じ校務分掌の教師に、聞いてみよう。良心的な教師は、きっと優しく教えてくれる。それらをメモして、できるものから「先取り」してやってしまおう。

とにかく「先取り」の癖をつけるといい。早く取りかかれば、早く仕事は終わる。当たり前の話である。

小さな仕事は、即つぶせ

私は、仕事をためない。それどころか、「先取り」し、できるだけ早く済ませる。「貯金」をするようにしているのだ。私の「仕事貯金」は、かなり多い。

「先取り」の癖をつけておけば、トラブルが起こっても、大丈夫。「貯金」を少々切り崩すことはあるが、なくなることはない。余裕を持って、トラブルにも対応できる。

そんな私は、「借金」もしないように、気をつけている。


小さな仕事は、ためない。その場で、すぐに済ませてしまう。

小さな仕事も、ためてしまえば、大仕事になってしまうからだ。

たとえば、出席簿である。月末になると、健康観察表を見ながら、出欠を打ち込んでいる教師をよく見る。

見ていると、10分、20分と時間をかけて、打ち込んでいる。1ヶ月分の出欠の処理をするのだから、結構な時間がかかってしまうのも当然だろう。特に、今は、コロナ禍。感染や濃厚接触の欠席が多くある。出席停止の場合も多く、複雑な処理を強いられる。

時間をかけて出席簿の処理をする教師を見て、「段取りが悪いなあ」と、いつも思う。

私は、どうしているか？毎日入力している。1時間目が終了すれば、職員室に行く。そこで、その日の欠席などを打ち込んでしまうのだ。その日の分だけを打ち込むのだから、作業は簡単。よほど欠席や出席停止がいない限りは、1分とかからない。ミスもない。

また、1時間目終了後にその日の出席簿の処理をするのは、私のルーティンだ。何事もそうだが、ルーティンにしてしまえば、絶対に忘れない。

たまに、処理をしたかどうか不安になって、チェックすることもある。それでも、必ずやっている。自分でも無意識のうちに、処理しているのだ。

この話、出席簿の処理に限らない。たとえば、教育委員会から求められる提出物である。この手の提出物は、どうでもいいものが多い。そこで、すぐに答えられるものは、すぐに記入して、すぐに起案してしまう。
管理職のチェックが終わって、私の手元に返ってくれば、すぐに返信である。

教育委員会に提出する文書に、私は全力を尽くさない。8割主義で、すぐに処理を済ませてしまう。

教育委員会は、身内である。「敵」に回してしまうことはない。
書類に不備があっても、大丈夫。不備は、管理職がチェックしてくれる。私は管理職の指示通りに修正して、提出するだけだ。私は、この手の書類に、全くこだわりがない。

逆に、保護者に出す文書には、誠実に、全力を尽くす。保護者は、一番のお客さんだからだ。また、機嫌を損ねると、「敵」に回してしまう可能性があるからだ。

「手抜き」できない相手がいる。相手を選んで、上手に手を抜こう。

「定時帰宅♪」から「逆算」して仕事せよ

くり返し書いているが、私は、定時の16時40分に帰ることにしている。なぜ、そんなことができるのか？

定時に帰るために、「逆算」して、仕事をしている

からだ。

たとえば、クラスでトラブルが起きた時でも、である。

そうそう。読者が勘違いしていそうなので、一応、書いておく。私のクラスでも、当然、トラブルは起きる。

私は『ブラック』で、全国に名の知れた実践家である。そして、教師経験も30年超え。ベテラン中のベテランだ。そんな私のクラスでも、間違いなくトラブルは起きる。

学級、学校は、トラブルの起きるところである。子どもたちは、トラブルを起こす生き物である。

こう考えて、間違いない。また、こう思っておけば、トラブルが起きても、腹が立たない。冷静に対処できる。

私のクラスでは、最近、習字の時間にトラブルが起きた。後片付けの時に、Aくんの筆から墨が散り、Bさんのポロシャツが汚れてしまったのだ。

本当に、些細なトラブルである。Aくんは、わざとやったわけではない。また、BさんもAくんの謝罪を受け、許してあげている。

それでも、ポロシャツが汚れているのだ。物が、ダメになっているのだ。子ども同士の謝罪で、済む話ではない。ポロシャツを買い与えたのは、保護者である。お金のからむ話は、当然、保護者に連絡をしないといけない。

ちなみに言うと、ケガをした時も、同様だ。お金がからむ時と、ケガをした時。この2つは、絶対に、保護者への連絡が必要である。

このトラブルが起きたのは、2時間目。そこで、2時間目の後の20分休みに、Bさんの保護者に電話をした。

今回の被害者、Bさんの保護者は、働いている方だった。しかも、家に帰るのは、夕方6時以降である。しかし、6時まで待ってはいられない。そこで電話に出ないのを承知で、20分休みにかけたのだ。着信があれば、昼休みに電話をしてくださる保護者も多い。

案の定、Bさんから昼休みに電話がかかってきた。私の思う壺である。

「今日は、大変申し訳ないことをしてしまいました。Bさんのポロシャツに墨をつけてしまいました。本当に申し訳ありません」

教室で起きたトラブルは、もちろん、教師の責任である。まずは、しっかり謝罪して、許してもらうしかない。

謝罪した後で、事情を説明した。初めて話したが、Bさんは非常に寛容な方で、

「ポロシャツは、すぐに小さくなって着られなくなるから、いいですよ。Aさんにも、気にされないように言ってください」

と、言ってくださった。

電話を切って、すぐに加害者Aくんの保護者に電話をした。しかし、出ない。Aさんも働いている方なのだ。それでも、夕方までには電話があるだろうという、私の読みである。

Aさんからは、放課後、電話があった。またまた私の目論見通り。時々自分が怖くなる。

「今日は、大変申し訳ないことをしてしまいました。実は、AくんがBさんのポロシャツに墨をつけてしまって。本当に、申し訳ありません」

AくんがBさんのポロシャツに墨をつけてしまったのも、もちろん、教師の責任である。当然、謝罪からスタートする。

事実を伝えると、Aさんは、

「墨をつけてしまい、大変申し訳ありません。Bさんに謝罪をしたいのですが、電話番号を教えてくださいますか？」

と、言ってくださった。

「Bさんは、とっても優しい方で。わざとやったわけではないし、全く気にしないでくださいと言われていました。謝罪も必要ないそうです」

こう言うと、Aさんはホッとした様子だった。

16時40分に帰りたいな。だったら、加害者Aくんへの対応は、放課後までだな。だったら、被害者Bさんへの対応は、お昼までに済ませたいな。だったら、20分休みに電話をしておこう。そうすれば、昼には、折り返しの電話があるだろう。

私は、こんな風に、定時の16時40分から「逆算」して、仕事の手順を考えている。

ちなみに、こうやって「逆算」して仕事をしているから、トラブル対応が早くなる。素早く、誠実な対応は、保護者対応の基本中の基本だ。

私は早く帰るために、スピードを上げているだけである。しかし、結果として、上手にトラブル対応できていることになっている。まさに、一石二鳥。

もちろん、このトラブルは、一例だ。他のトラブルへの対応も、同じように考える。

いや、トラブル対応だけではないな。私は他の仕事でも、同じように「逆算」している。

今日中にやらないといけない仕事は、学級通信と生徒指導関係の書類1つ。学級通信は、20分休みに作ってしまおう。生徒指導の書類は、少々時間がかかるかな。では、放課後に起案できるところまで、ザッと済ませる。で、起案したら、帰ってしまおう。

こんな風に考えている。「逆算」できる人間は、仕事が早いのだ。

手抜きには、朝イチの「作戦タイム」が必須

私の朝は、早い。帰りは、定時。逆に朝は、定時の1時間前には、学校に着く。年寄りだから、朝早く目が覚めてしまう。夜は、10時ぐらいに寝る。しかし、早い時には、1時には目が覚めてしまう。超朝型だから、早く学校に行くことになる。

渋滞を避けるのも、理由の1つだ。朝早く家を出れば、30分以内で学校に着く。遅く出て混む時間になると、1時間弱かかってしまう。

まさに、倍。毎日30分の違いは、大きすぎる。私は、時間の無駄が一番嫌いだ。そんな私に、30分の無駄は耐えられない。そこで、渋滞を回避するために、朝早く家を出る。

しかし、もっと大きな理由が、他にもある。その1つが、

朝、その日1日の段取りをするためだ。

私は、いつもバインダー付きの黒いファイルを持ち歩いている。そして、そのバインダーに、1枚の紙を挟んでいる。いわゆる「To Do リスト」。やらないといけない仕事と締め切りを箇条書きしたものである。

「To Do リスト」を見ながら、1日の段取りを考える。段取りには、「優先順位」と「いつやるか」の2つが必要だ。

1枚紙を用意する。いらなくなったプリントの裏紙で十分だ。その紙に「今日1日でやることリスト」を作る。まあ、「To Do リスト」の「1日分版」だな。その日やるべきことを優先順位の高いものから、順番に箇条書きしていく。

まずは、「To Do リスト」に書いてある仕事を「今日絶対にやらないといけないこと」「できればやっておきたいこと」「急がないもの」の3つに分けて考える。

そして、まず「今日1日でやることリスト」に「今日絶対にやらないといけないこと」を書く。これは、今日が締め切りのものだ。あれば、星印をつけたり、赤で囲ったりする。

まあ、仕事は「先取り」してしまう私である。「今日絶対にやらないといけないこと」は、まずない。読者もないように、「先取り」して仕事をする癖をつけておく方が賢明だ。

次に、「できればやっておきたいこと」を書く。これは、締め切りなどを考え、優先順位の高いものを上から箇条書きする。

「急がないもの」は、書かない。「今日絶対にやらないといけないこと」と「できればやっておきたいこと」を書けば、「今日1日でやることリスト」は、完成だ。

次に、それらの仕事をいつするのか？考える。もちろん、「今日絶対にやらないといけないこと」が、最優先。全ての時間を使わないといけない場合もある。

「できればやっておきたいこと」は、仕事内容によって時間を考える。事務作業、印刷、採点、学級通信、学年通信などは、10分の休み時間を使ってする。授業準備、ワークシート作成、提案文書作成、保護者への電話などは、放課後にする。

まあ、これは、一例だ。要は時間のかからないものは、10分休み。時間のかかるものは、20分休みや放課後。仕事にかかる時間を考えて、いつするかを決めようということだ。

いずれにせよ、こうやって、「作戦タイム」を取る。そして、

1日の段取りを決めて、効率よく仕事をすることが大切

なのである。無計画では、段取りよくは仕事ができない。1日の「策略」を巡らせてから仕事をしないと、無駄が多くなってしまう。

私は、「To Do リスト」の上に「今日1日でやることリスト」を挟んでいる。そして、それを見ながら、仕事をする。

トラブルがない限りは、段取り通りに、仕事を進めていく。1つ仕事が終われば、「今日1日でやることリスト」の箇条書きから、二重線で消す。下にある「To Do リスト」の箇条書きからも、二重線で消す。この瞬間がたまらない。

トラブルがあれば、優先順位の低い仕事は、明日に回す。定時になれば、仕事は終了。

効率よく、楽に仕事を進めていくためには、朝の段取りが欠かせない。きちんと「作戦タイム」を取って、1日の「策略」を練っておこう。「手抜き」をするために、「手抜き」できない仕事である（ややこしい）。

朝イチのスタートダッシュで帰宅を早めよ

朝早く学校に行く大きな理由の1つは、1日の仕事の段取りをするためである。いわば「作戦タイム」。何事も、作戦なしでは、上手くいかない。

もう1つの理由は、

仕事を効率よく済ませるためには、朝イチのスタートダッシュが肝心だからだ。

私は、朝、学校に着いたら、パソコンの電源を入れる。公務用のパソコンは、立ち上がるまで、非常に時間がかかる。

毎日、1時間目が終わると、私は職員室に行く。そして、出席簿の入力をする。

その時に、パソコンが立ち上がっていないと、大変だ。パソコンが立ち上がるのを待っていたら、10分の休み時間が終わってしまう。当然、出席簿の入力もできない。

そこで、朝イチで、パソコンの電源を入れているのだ。

段取りよく仕事を進めようと思えば、こういう些細なことが大切なのである。

私は、朝イチでパソコンの電源を入れたら、タイムカードを押す。そして、すぐに教室に向かう。そして、教室で1日の段取りをする。

そして、そのまま教室で、子どもたちを迎える。子どもたちは、私に挨拶をして、教室に入ってくる。私は、笑顔で、元気のよい挨拶を返す。

誰だって、仕事が始まるのは、嫌なものである。特に、私は、仕事が嫌い。心の中では、不機嫌だ。しかし、教師の笑顔は、子どもを安心させる。安心感があれば、安定した学級がつくれる。

学級崩壊しないためには、教師の笑顔が必要なのだ。

だから、私は、プロとして、子どもたちを笑顔で迎えているのである。

朝の時間を、職員室で過ごす教師も多い。何も考えていないからだろう。

しかし、朝の時間は、大切だ。読者には、教室で子どもたちを出迎えることをオススメする。朝イチから教師の笑顔で、子どもたちを安心させよう。これは、学級崩壊を予防するための大事な「策略」だと意識して欲しい。学級崩壊しては、「手抜き」できないのだ。

教室に入ってきた子どもたちが一番最初にすることは、宿題を出すことである。私が、

朝イチで、全ての宿題をチェックしてしまう

ことにしているからである。

朝イチで、宿題を全部見ておけば、後は楽。10分休みなどは、子どもたちと楽しくおしゃべりして過ごせる。昼休みは、子どもたちと外で楽しく遊ぶことができる。

もちろん、トラブルがあっても、安心だ。時間を気にせず、しっかり対応できる。

昼休みに宿題を見ている教師がいる。ひどい場合だと、放課後に宿題を見ている教師もいる。放課後に宿題を見終わって、他の仕事に取りかかる。帰るのが遅くなって、当然だ。

朝イチから段取りよく仕事を進め、1分でも1秒でも早く帰れるようにしよう。

テストは朝イチ。即採点で、放課後仕事をなくせ

私は、テストは、やったその日に返すことにしている。

そのための最大のコツは、

テストは、必ず1時間目にする

ことである。1時間目にテストをしておけば、その後、どこかの時間で採点ができる。作業的な学習を入れてもいい。専科の授業で空き時間がある場合もあるだろう。いずれにせよ、私は、いつテストをするか？を考える時、

テストをする時間と、採点の時間をセットで考えているのである。

基本、採点は、1時間目のうちにする。テストの時は、黒板に次のように書いておく。

①　テスト　9時00分まではがんばる！しっかり見直し！
②　連絡帳書き書き。
③　黙って、読書。

①で示した時間まで、子どもたちは、テストを出すことができない。もちろん、この時間は、テストの難易度に合わせて、調整する。私の学校では、1時間目が8時30分から始まる。そこで、30分程度を指定することが多いかな。

「この時間に出さなくても、いいよ。早い方がいいわけじゃない。しっかり見直して、100点を取る方がエライ！授業時間いっぱいやっても、いいからね」

とも、言っておく。

テストを出していい時間までは、私のお仕事タイムだ。宿題は、朝イチで処理し終わっている。朝自習の課題も、見終わっていることが多いな。でも、見ていないものがあれば、とりあえず片付ける。

その後に、必ずしているのが、

テストの答えを覚えること

である。これ、段取りよくテストの採点をするために、とっても重要な「策略」だ。答えを見ながら採点をする教師もいる。しかし、それでは、時間がかかってしまう。覚えて採点してしまった方が、はるかに早い。

私は、50歳を過ぎた年寄りだ。記憶力も、落ちてきている。だから、採点し始めて何枚かは、「これで、合ってたっけ?」と、答えを確認することもある。しかし、何枚か採点すれば、大丈夫。答えを見なくても、採点できる。

50歳を過ぎた私が、できるのだ。若い読者は、きっとできるに違いない。ぜひ、チャレンジして欲しい。採点の効率が上がるのが、実感できるはずである。

指定された時間になれば、何人かの子どもが、テストを出し始める。

そうすれば、私の採点タイム、スタートだ。ひたすら集中して、採点をする。新しいクラスになって最初のうちは、質問などで私に話しかける子もいる。しかし、

「この時間、先生は、採点に集中させて。邪魔はしません。よほどのことがない限り、話しかけに来ない」

と、厳しく言っておく。また、

「テストは、早く済ませるのがいいわけじゃない。だから、早く終わってしまった人は、黙って、読書をして待ちなさい」

とも、厳しく言っておく。子どもたちも、この時間は先生の採点タイムだと認識するようになる。そうなれば、誰も、邪魔に来ない。教師は、採点に集中できる。

答えを覚えておけば、テストの処理は簡単だ。9時から授業終了までの15分があれば、テストの採点、点数の記録は終わってしまう。人数が多いクラスの場合などでは、終わらない時もある。そんな時でも、1時間目の休み時間の10分があれば、必ず終わる。

だから、私は、2時間目にテストを返してしまうことが多い。

2時間目にテストを返すと、子どもたちは驚く。しかし、子どもたちは、テストを早く返してもらいたいもの。

「みんなの協力のお陰で、集中して採点できた。だから、すぐに返すことができた。次のテストの時も、採点タイムに協力してね」

こう言っておけば、採点タイムに邪魔をする子はいなくなる。採点タイムを邪魔する子は、みんなから非難の対象になることさえある。

テストをその日に返すための、もう1つのコツは、

テストは、1日1枚しかしないこと

だ。学期末など、1日に何枚ものテストをさせる教師がいる。はい、これ、お持ち帰り決定。最初に書いた「テストをする時間と、採点の時間をセットで考えている」ことができていないからだ。

ここら辺りも、教師の段取り能力だ。学期末と言えど、テストを1日1枚に調整するぐらいの能力は持ちたいものである。

子どもは、早く帰らせろ

6時間目が終わったら、子どもは、できるだけ早く帰らせるに限る。

子どもが早く帰れば帰るだけ、放課後に、教師の使える時間が増える。自明の理だ。

では、子どもを早く帰らせるために、どうするか？帰りの会をやめてしまうのも、一手である。当たり前だが、帰りの会をやめてしまえば、その分、子どもを早く帰らせることができる。

帰りの会を10分、20分と、長々とやっているクラスがある。これ、時間の無駄。それだけ、教師の時間が奪われる。

教師だけではないな。子どもだって、そう。子どもだって、早く帰って遊びたいはず。だらだらと帰りの会をすることは、教師も子どもも不幸にしてしまう行為である。だから、

できれば、帰りの会をやめる。やるなら、短時間で済ませる。

これが、教師、子ども、両方を幸せにする「策略」だ。

では、私のクラスでは、どうしているか?実は、帰りの会をしている。

私のクラスには、会社がある。各会社は、基本的に、帰りの会でコーナーを持っている。

「基本的に」と書いたのは、例外があるから。今のクラスには、朝自習のプリントを作って、みんなにさせ、採点する会社がある。この会社は、水曜日の朝自習を担当している。

過去のクラスで言うと、6年生で歴史の年代を語呂合わせで教える会社もあったな。この会社は、社会科の授業の最初2分で、語呂合わせを1つずつ教えていた。

こんな会社以外は、毎週1回、帰りの会でコーナーを持つ。クイズ、ゲームは、もちろん。今は、マンガを描いて配って、読み聞かせをする会社がある。マジックを披露する会社がある。自作の紙芝居をする会社がある。

バラエティに富んでいて、子どもたちは、毎日楽しみにしている。また、担当する子どもたちも、クラスみんなを喜ばせることを楽しんでいる。

会社活動で、自分がクラスを盛り上げていることが実感できる。教室に居場所ができる。こういう教育効果があるから、私は「策略」として、帰りの会をしているのだ。

ただし、時間は、5分以内。キッチンタイマーを使って、厳守させる。帰りの会をだらだらと延ばさないために、大切なことである。

それと、プログラムは、わずかに2つ。会社が企画するコーナーと、翌日の日直決めだけだ。

私のクラスでは、次の日の日直を、抽選で決めている。デジビンゴというおもちゃを使って、出席番号を抽選するのだ。これも、ちょっとしたお楽しみ。子どもたちは、誰が当たるか、ワクワクする。

会社と日直決め。合わせて10分かからない。しかも、子どもたちも楽しみにしてくれているから、無駄ではない。必要な時間だ。

それでも、10分帰るのが遅くなるのはいかがなものか？そう考えた読者のみなさんに、さらなる秘密の「策略」を紹介しよう。

次のページへ、急ぐのじゃ！

帰りの会は、「授業中」に終わらせてしまえ

私のクラスでは、帰りの会をしている。しかし、子どもたちが帰る時間は、遅くならない。6時間目終了のチャイムと同時に、「さようなら」してしまうこともある。

その秘密の「策略」は…、

6時間目の最初に、帰りの会をしている

からである。

6時間目が専科の授業なら、5時間目の最初に、帰りの会をする。5、6時間目が専科なら、4時間目の最初にする。

年に数回、もっと早い時も ある。行事などで、クラスで使える時間が少ない時だ。クラ

スで使える時間が2時間目しかないとする。その場合は、2時間目の最初10分でする。

1時間目の最初に、帰りの会をするなんて、ウソみたいな時もある。子どもたちも笑いながら、朝の帰りの会（意味分からん）を楽しむ。まあ、早めにする時には、遅くとも前日には、その日コーナーを持っている会社に言っておくことが必要だな。

最初10分弱の授業時間を削るなんて、けしからん！とお怒りの、厳しい読者もいるかも知れない。10分も時間を使って、授業は大丈夫なの？と心配してくれる、優しい読者もいるかも知れない。でも、大丈夫。

私のクラスの子どもたちは、鍛えてある。どの子も、すごく書くのが速い。ちなみに言うと、速く書かせるためのコツは、取りかかり。人間、えんぴつを動かすスピードは、あまり変わらない。取りかかりさえ早ければ、書くスピードは、確実に上がる。

書くスピードだけではないな。私のクラスの子どもたちは、いろいろなことが素早い。そして、サボらない。だから、どんどん授業が進んでいく。

私は、積極的に、研究授業を引き受けている。指導案検討の時、

「これだけの内容が、45分でできるんですか？」

と、驚かれることが多い。私のクラスの子どもたちのスピードが分かるエピソードだろう。

これだけ鍛えている子たちだから、45分の授業内容を35分で教えることは楽勝だ。へのかっぱ、お茶の子さいさいである。

10分弱の帰りの会をする。そして、予定していた学習内容を消化する。それでも、さらに時間が余ることが多い。

5分以上余れば、ご褒美にミニゲームをする。残り時間が2分を切っていれば、すぐに帰りの支度である。

子どもたちは、2分あれば、ランドセルを取って、片付けを済ませることができる。すると、6時間目終了のチャイムと同時に「さようなら」できる。

ちなみに、子どもたちが片付けをしている間に、私は黒板をきれいに消す。そして、黒板に、翌日の朝の動きを書いておく。

① 体温表、漢字ノート、計ドノート、自主勉、出す。
② ランドセルしまう。
③ 算ド（5）やる。
④ 黙って読書。

これを見て、翌日の朝、子どもたちが動けるようにしておくのだ。

子どもたちが片付けをする、2分なんて短い時間を無駄にしない。

これが、効率よく働くためのコツである。

「さようなら」の後は、教室の簡単な掃除をする。汚い教室は、荒れやすい。学級崩壊予防のために、教室をきれいに保つ。そのための時間は、無駄ではない。

さらに、下駄箱に行って、かかとを揃えて入れてあるか?チェックする。ダメなら、私が揃えて、入れ直す。何日も続けば、注意することもある。これも、学級を成り立たせるためには、必要な時間だな。

これらが、終われば、職員室に行く。他の担任は、まだいない。私はスタートダッシュよく、放課後の仕事を始めるのである。

「策略」を練り、子どもを早く帰らせよう。そうすれば、放課後たっぷり時間が使える。

手抜きのための「席替え」カードを手放すな

私は月に1回、席替えをすることにしている。ちなみに、その時は、条件を出す。「席替えミッション・隣の席の人の良いところが3つ言えたら」である。「隣の席の人の良いところが3つ言えないようなら、お互いによく分かっていないということ。席替えは、早すぎ」

こう説明している。紙を配り、3分間で隣の席の人の良いところを箇条書きさせる。隣の人とジャンケンして、まずは、勝った人が立つ。隣の席の人の良いところを言い、3つ以上言えたら座る。次に、ジャンケンで負けた人が、同じようにする。全員が座れれば、ミッションクリア。無事に、席替えが実行される。

これ、オススメのネタである。菊池省三氏の「ほめ言葉のシャワー」のように、毎日行う必要がない。月に一度のかなりハードルの低い「褒め合い」「認め合い」だ。学級通信で紹介すれば、保護者にも、我が子が認められていることが伝わる。

さて、本題。今の私は、席替えをクジで行っている。視力の悪い子は、何列より前ならいいか聞く。クラス全員が教室の後ろに行き、私が割り箸クジを引く。クジで当たった子から、教室の後ろの席に座っていく。視力の悪い子が後ろに当たれば、クジは元に戻す。

これ、今のクラスが安定しているから、できる技。困難校では、こうはいかない。困難校では、教師が「策略」を持って席を決める必要がある。子どもたちにも「席は先生が決めるもの」と思わせた方がいい。

楽にクラスを経営し、楽に授業をするために、席替えは重要なカードだからだ。

まずは、保護者からの要望が、最優先。保護者が相性が悪いと思っている相手とは、当然、席を離す。席が離れていれば、接触が少なくなる。そして、トラブルも少なくなる。だから、保護者から、電話や連絡帳をもらうことも減る。

教師が手を抜こうと思えば、保護者のことを一番に考えないといけない。教師が一番労力を使うのが、保護者対応だからである。

子ども同士の相性も大切だ。相性の悪い子同士を近くにすると、接触する機会が増える。そして、トラブルになる。だから、席を遠くして、接触を減らす。トラブルを未然に防いでおけば、楽できる。「先生、○○がこんなことして」なんて、悪口を聞く回数も減る。

落ち着きのない子を離れた席に分散させることも基本的な「策略」だ。近くにいると、化学反応を起こして、さらに落ち着かなくなることも多い。落ち着きのない子の悪さを止めてくれる子を、近くに置くのも一手である。

学力の低い子の近くには、優秀な、面倒見のよい子を配置する。そうすれば、その子に個別指導する時間を減らすことができる。

席替えは、教師が決めるものと思わせよう。

席替えが上手くいけば、トラブルが減る。安心して、作業的な学習をさせることもできる。教師は、その間、集中して仕事ができる。自習も安心だ。安心して、年休が取れる。

席替えは、教師が手抜きをするための重要な「策略」の1つ。手放してはいけない。

保護者の怒りを買わねば、手抜き授業で大丈夫

いつものように、定時で学校を出ようとした。すると、初任者から、話しかけられた。

「中村先生は、いつ教材研究をしているんですか？」

「教材研究？　…。長い間していないな…」

とっさの出来事だったので、正直に答えてしまった。初任者に対する答えとしては良くなかったと、反省。もっと、模範解答をするべきだった。

しかし、この言葉通りである。私は最近、教材研究をした覚えがない。

国語は、得意だ。物語文なら、このパターン。説明文なら、このパターン。作文なら、たくさん知っている指導法やネタから、その単元に合ったもの。話し合いなら、ディベートのノウハウが生かせる。俳句は、何冊か本を書いた得意ジャンル。最近のバラエティに

富んだ国語の教科書にも、私は、いくらでも対応できる。

算数は、基本、教科書通り。この歳になって思うが、教科書は良くできている。もちろん、位を間違えないように「まぼろしの0」を書かせるなど、子どもたちに確実に力をつける技も持っている。子どもを喜ばせる算数ネタも、たくさん持っているな。やはり、「ネタ数は、力」だ。

国語、算数を例にしたが、他の教科も同様である。私は、若い頃、教育書おたくだった。

また、いろいろなセミナーに参加した。研究授業も、たくさんした。

私は、若い頃に学んだ貯金で、十分に日々の授業を消化していける。

『ブラック』を読んでいる若い教師たちも、熱心な方に違いない。

若いうちに、情熱やエネルギーがあるうちに、しっかり学ぼう。
そうすれば、歳取った時に、楽できる。未来の自分が、楽するための投資なのだ。

こう考えれば、ますます熱心に学べるのではないだろうか。

私も、昔は、高尚な授業がしたかった。子どもたちの力を無限に高めるような、素晴らしい授業がしたかった。誰もしたことがないような、オリジナリティあふれた授業がしたかった。

しかし、今は、そのエネルギーはない。普通の授業を普通に成り立たせることができれば、十分だ。子どもたちに、普通に力がつけば、十分だ。

たとえば、ものすごい討論の授業をしたとしよう。たとえば、ものすごい高度な読み取りの授業をしたとしよう。たとえば、ものすごく子どもの表現力が伸びる授業をしたとしよう。でも、そんなことは、保護者には分からない。

今の私の一番の関心事は、保護者の信頼を得ること。保護者を敵に回さないことである。だから、授業も、保護者ウケを一番に考える。

保護者に分かるのは、漢字や計算。基本的な学習の力なのだ。
きちんと漢字が書けるようになり、きちんと計算ができるようになればいい。
そうすれば、保護者から、苦情は来ない。

もっと分かりやすいのは、テストの点だ。テストの点が良ければ、保護者は安心する。

納得する。逆に、テストの点が悪ければ、不安になる。そして、「この先生の授業、大丈夫？」と、不信感を持つ。

だから、私は、テストの点にこだわる。テストの点を上げるためなら、なんでもする。新しい単元に入る前のテストのチェックは、欠かせない。テストを見て、子どもたちがひっかかりそうなところを見つける。そして、その部分は、くり返しくり返し、しつこくしつこく練習する。

あの手この手を尽くせば、クラス平均95点なんて、簡単だ。テストの点数を上げるのなんて、難しい仕事ではない。私のクラスの保護者は、

「中村先生のクラスになって、テストの点数がすごく上がって、驚いています」

と、言ってくださることが多い。笑顔で、だ。

テストの点数が上がれば、保護者の信頼を得られるのだ。

もちろん、「私の授業は、分かりやすいですからね。私のお陰でしょ。エッヘン！」なんて、言わない。

「〇〇くんが、がんばっているからですよ。授業も集中しています。サボる瞬間すらありません。分からないことも、分かるようになるまで粘り強く学習しています」と、子どもを褒める。自分の子どもが褒められれば、保護者は嬉しいもの。担任への信頼は、さらに上がる。

若くてやる気のある読者に、高尚な授業を目指すのは、無駄だからやめろとは言わない。苦労して手に入れた授業力は、あなたの将来の役に、きっと立つ。

ただ、教材研究や授業準備に追われ、夜遅く帰ってしまう日が続いたら、たまには手を抜こう。

漢字、計算など、基本的な力はつける。
テストで良い点を取らせる。

この2つだけ押さえておけば、大丈夫。保護者は、あなたを、あなたの授業を信頼する。

教師の仕事は、忙しすぎる。特に、1年目の教師は、多忙だ。そのせいで、教師を辞めて欲しくはない。

たまの手抜き授業も、自分を守るためには大切な「策略」なのである。

子どもが見えれば、手抜き授業も盛り上がる

国語や算数の授業は、得意だと書いた。そして、その他の授業も、得意なように書いてしまった。いかにも、私は授業名人であるかのように書いてしまった。

忘れていました。ごめんなさい。私にも、苦手な授業があった。それは、理科。私は、超文系人間だ。だから、理科は、嫌い。そして、理科の授業は、大の苦手である。

ここ数年、理科は、専科の教師がやってくれていた。だから、忘れていたのよ。他意はないので、許してね。

以前、勤務していた学校では、私も理科を教えていた。しかも、5、6年生ばかり。正直、私自身がよく理解できていない学習内容もあったと、記憶している。

それでも、理科の授業はしないといけない。そんな私は、どうしていたか?

理科の学習ノートに載っている流れで、そのまま授業をする

ことにしていた。いや、仕方なかったのだ。実験の準備は、理科の得意な同学年の教師に教えてもらってやっていた。いや、私は何もせず、準備してくれていたことがほとんどだ。

授業の流れは、学習ノートの通り。実験準備は、同僚がやってくれる。まさに、手抜き授業の典型である。

そんな私の手抜きの理科授業。子どもたちの反応は、どうだったか？結論を言えば、子どもたちは、授業に乗ってきた。

理科の授業が得意な教師は、高尚な授業をする。子どもを引きつける授業のネタを用意する。優れた発問を準備する。時には、時間をかけ、自作の実験装置を作ることもある。

それはそれで、盛り上がるだろう。しかし、私は、そんなところで、勝負しない。

授業は、実は、細部が大切なのだ。「神は細部に宿る」の言葉通りだ。

たとえば、発問して、すぐに手を挙げて発表させるのは、厳禁。発問したら、一人一人に書かせる。そして、列指名で発表。全員参加を保障するための大切な技術である。たとえば、フォローを忘れないことも、大切な技術だ。まずは、子どもたちをしっかり見る。そして、的確なフォローを入れていく。

フォローは、難しくない。要は、褒めるか、叱るかだ。

**がんばっている子は、褒める。サボっている子は、叱る。
この「フォロー」だけ確実にやれば、子どもたちは、授業に乗ってくる。**

派手な準備をしなければ、子どもを授業に乗せられないなんて、プロ失格だ。我々教師は、年間1000時間を超える授業を行っている。その全てに、完璧な準備など、無理。もっとキツく言えば、無駄である。

手抜きの授業に子どもを乗せてしまう。そのためには、挙手指名の廃止やフォローといった細かい技術、細かい「策略」が重要なのだ。ここでは、詳しく述べる余裕はない。拙著『新装版　つまらない普通の授業に子どもを無理矢理乗せてしまう方法』（黎明書房）や『策略―ブラック授業づくり　つまらない普通の授業にはブラックペッパーをかけて』で学んで欲しい。紹介している「策略」を一言で言えば、

「教材観」よりも、「児童観」を大切に

ということかな。指導案には、「児童観」「教材観」「指導観」を書くだろう。その中で、私が一番重視するのが「児童観」だということだ。いや、指導案を例にすると、イメージが違うな。「本学級の児童は、～」なんて、堅苦しい話じゃない。私が言いたいのは、

子どもたちがどんなことが好きか？嫌いか？きちんと分かった上で、授業しようということだ。「子ども理解」と言ってもいい。

「子ども理解」を最重視すれば、手抜き授業も成り立つ。「ジッと黙って座って話を聞く」なんて、子どもが嫌いなことは、減らす。子どもたちが合法的に動ける「小さな活動」を増やす。こんな細かな「策略」を駆使すれば、手抜き授業も、盛り上がるのだ。

子どもに作業させ、教師は休め

大昔、担任していた6年生の子に、
「中村先生って、あんまり前に出て授業しませんね」
と、言われたことがある。
その時は、「そうかなあ」と思った程度だ。しかし、子どもが、そう感じているのだ。
若い私は、授業中、子どもたちに作業させる時間を多く取っていたのだろう。
しかし、今は、違う。今の私は、

意識的に、作業的な学習を増やす

ようになった。無自覚で行ってきたことを「策略」として行うようになったのだ。

廊下を通る時などに、いろいろな授業風景を見てきた。その中で、私は、

一般的に、ベテランの授業は、子どもたちの作業が多い。

若手教師の授業は、子どもたちの作業が少ない。


という傾向があることに気づいた。「作業」を「活動」と、言い換えてもいいだろう。

若手教師は、授業中、前に出てしゃべっている時間が長い。ずっと前に出て、きちんと授業をしていないと、不安なのかも知れない。サボっている感じがするのかも知れない。

しかし、実は、子どもには、迷惑だ。子どもにとって、教師がずっとしゃべり続ける授業は、退屈でしかない。子どもたちは、ジッと黙って座って話を聞くのが一番苦手なのだ。

だから、私は、子どもたちの作業を増やす。活動を増やす。

45分ずっと、新聞を作らせることもある。30分ずっと、意味調べをさせることもある。

タブレットで、慣用句を調べさせることもある。

5分で意見を書く、3分で箇条書きさせる、1分で1つだけ書く。こんな短い時間の活

動も、どんどん入れる。

その時、私は何をしているか？ノートチェックなどの仕事をしていることが多い。こういう短い時間を無駄にしないことが大切だ。

子どもたちは、放っておいても、大丈夫。私のクラスでは、どの子も、作業に集中する。サボらず、真面目に授業に取り組むことが、当たり前になっているからだ。

また、「フォロー」も忘れない。意味調べの後は、数を聞いて、多い子を褒める。意見を書いた後は、箇条書きの数を聞いて、多い子を褒める。忘れずに、きちんと「フォロー」すれば、子どもたちはやる気になる。

もちろん、やるべきことをやっていない子がいれば、「やり直し」である。「やり直し」で、きちんと作業することを当たり前にするのだ。

作業的な学習を増やして「手抜き」をしよう。子どもたちは、教師の話を聞かずに済んで、「楽」しく学習できる。教師は、他の仕事ができて、「楽」できる。

作業的な学習を増やすことで、一石二鳥の「楽」がゲットできる。子どもにとっても、教師にとっても「楽」な「策略」なのである。

手抜き授業も、終わりで帳尻を合わせよ

教師が「手抜き」をして、一番効果的に楽できるのは、授業である。

なんせ我々教師は、年間1000時間を超える授業をしているのだ。1000時間の授業で「手抜き」をすれば、教師の仕事はかなり楽になるはずである。

あまり準備をしない私の授業は、失敗することも多い。

いや、一生懸命準備した授業で、失敗することもあるな。「この授業は、子どもたちが喜ぶな」と、はりきって準備をする。しかし、思ったほど、子どもたちが乗ってこない。

これは、辛い。がんばりが報われない。これほど、辛いことはない。

でも、授業は、生もの。子どもたちも、生もの。思った通りにならないから、授業は面白いのだけどね。まあ、人生と同じである。

私は、『ブラック』で売っている男だ。また、「お笑い」で売っている男だ。

しかし、私の一番の特技は、いずれでもない。一番の特技は、空気を読むことである。

私は、教室の空気が的確に読める。だから、空気が調整できる。子どもがよく見えている、と言い換えてもいいな。

そんな私は、子どもたちが授業に乗ってきているか？いないか？が、よく分かる。

授業に乗ってきている時は、もちろん、そのまま授業を続ける。問題は、授業に乗ってこない時だ。そんな時、私はどうするか？


子どもが乗ってこない授業は、早めに切り上げる。

簡単に言えば、あきらめる。早期撤退するのだ。


さすがに「この授業、やめ！」と、打ち切るわけではない。一応、授業を最後までする。

「まとめ」や「ふり返り」も行う。しかし、早く進めて、早めに終わるのだ。

では、授業が終わったら、どうするか？

楽しいゲームをする。つまらない授業をしてしまった「お詫び」である。

私は、こうやって、「この授業、つまらなかったな」というイメージを払拭する。「なんか楽しかったな」というイメージを残して、授業を終わるのだ。

楽しいという感覚と安心感が、学びのベース

だと、私は、ずっと言い続けている。だから、子どもに「中村先生の授業は、なんか楽しい」というイメージを持たせることは「策略」として、大事にしている。

実は、この手法、ミュージシャンの奥田民生さんから学んだもの。若き日の私は、民生のライブによく行っていた。民生は、サービス精神旺盛な男だ。しかし、たまに客を突き放したようなライブをする。全曲、新曲。知らない曲ばかりのこともあった。そんな時は、最後に大サービスで、ユニコーンの曲をする。盛り上がりに欠けていたライブが、一気にお祭り騒ぎになる。最後の1曲で、帳尻を合わせてしまうのだ。奥田民生、恐るべし。

つまらない授業をしてしまった時に、お詫びにゲームをするだけではない。

つまらない授業になりそうな時は、最初からゲームとセットで考えることもある。

たとえば、4年生の社会科は、主に山口県について学ぶ。「きょうど山口」という資料を使うのだが、これが、いまいち面白くない。授業も、あまり楽しくできないことが多い。

そこで、最後にゲームをする時間を確保しておく。4年生の社会科では、都道府県について覚えることが、目標の1つだ。都道府県について学べるゲームなら、合法的に行える。

5分なら、スタンドアップ（指定された都道府県を指さして、3秒で立てれば合格）やポイントゲーム（2人組でする。指定された都道府県を先に指さした方が勝ち）かな。10分あれば、都道府県ビンゴだな。結局、ゲームは、シンプルが面白い。もちろん、他にも、いろいろな都道府県のゲームをする。

ゲームで、最後に盛り上がることが分かっている。だから、山口県についての授業は、多少、つまらなくても仕方ない。こう考えれば、安心して「手抜き」ができる。

泣く子に関わる時間は、無駄

私が4月の最初、子どもたちに、宣言しておくことがある。

泣く子の相手はしない

ということだ。

「中村先生は、『泣く子はずるい』って思っています」

こう話を切り出す。

「ケンカなんて、もともとは両方に悪いところがあるから、起きるんです。それなのに、自分の悪いところは棚に上げて、泣いて被害者のフリをする。そして、みんなを自分の味方にしようとする。ずるいですよね。本当に泣きたいのは、相手の方かも知れないのに」

4月最初の子どもたちは、素直だ。うなずきながら聞いてくれる。きっと、誰しも経験のあることなのだろう。

「だから、中村先生は、泣いている子の相手はしません。話を聞くのは、泣き止んでからにします」

こう宣言しておくのである。

実際、教室で泣く子が出る時もある。その時、私は、ケガがないかだけは確認する。ケガがないのが確認できれば、宣言通り放っておく。私だって、人の子だ。子どもが泣いていれば、心配になる。特に、かわいらしい女の子が泣いていれば、胸も痛む。しかし、私は宣言通り、放っておく。心を鬼にして、声をかけないのだ。

それに、

泣いている子に話を聞こうとしても、どうせ何も話せない。
泣いている子を相手にするだけ、時間の無駄である

ことも事実だろう。

泣いている子から、なんとか事情を聞き出そうとする教師がいる。しかし、まず、上手くはいかない。聞き出せたとしても、膨大な時間がかかってしまう。

そんな無駄な時間を使うのなら、放っておいた方がいい。私は、放っておいて、授業を進める。休み時間なら、他の子と遊び続ける。

話を聞くのは、その子が落ち着いてから

にするに限る。そうすれば、無駄な時間を使わずに済む。

これ、泣く子だけの話ではないな。パニックを起こす子もそうだ。パニックを起こしている時に、何を言っても、無駄。何を聞いても、無駄。かえって、状態をひどくするだけだ。

子どもへの対応は、その子が落ち着いてから。

落ち着くまでの時間は、他のことで有効に使おう。それが「手抜き」のコツである。

子どもを「人材」として、利用せよ

図工の時間に、絵を描くことがある。その絵を教室に掲示することも、多いと思う。

では、誰が絵を掲示しているか？私は、

子どもと一緒に、掲示物を貼る

ようにしている。

なぜかって？それはね、楽だから。教師1人で貼る数分の1の時間で、掲示が済んでしまう。やはり、1人よりは、大勢でやる方が早い。当たり前の話だ。

たとえば、4月の最初。教師が教室に、絵を貼り始めたとしよう。間違いなく、子どもたちは、言いに来る。

「先生、絵を貼るのを手伝いましょうか?」

と。子どもたちは、教師のお手伝いが大好きだ。


ここで、お願いするか?断るか?が、分かれ道。お願いすれば、教師は1年間、楽できる。手が抜ける。

だから、私は、

「おっ!気が利くね。嬉しいな。じゃあ、手伝ってくれる?」

こう言って、子どもたちに手伝ってもらう。

ちなみに、押しピンの刺し方だけは教える。押しピンは、ななめに刺すのがポイントだ。若き頃、向山洋一氏の本で学んだと記憶している。

いずれにせよ、ななめに押しピンを入れると、しっかり留まる。また、外すのも簡単だ。教えないと、子どもたちは、押しピンを真っ直ぐ押し込む。これでは、押しピンを外す時に、時間がかかってしまう。

教えると言っても、簡単。上手にやった子に、「○○ちゃん、上手い！今度から押しピンを留めるのは、○○ちゃんに頼もうかな」と、言うだけでよい。それだけで、他の子も真似をする。

図工など、子どもたちの作品だけではない。クラス目標や、給食当番の表や、掃除の担当場所などなど。教室には、いろいろな掲示物がある。

教室にかわいい掲示物を貼っている教師がいる。給食当番の表だけでも、センスが感じられる。こういう素敵な教室で過ごせる子どもたちは、幸せだと思う。

しかし、私は、教室の掲示物を作るのが苦手だ。苦手というか、嫌い。私は、生まれつき手先が不器用なのである。そんな私は、掲示物をどうしているか？

できるだけ掲示物を貼らないようにする。

自分が嫌なもの、苦手なものは、なくしてしまえ。私は、シンプルに、こう考える。

また、最近、発達障害を持つ子への配慮をするように言われている。その中の1つが「気の散るような過剰な掲示はしない」である。なんだか、世の中、いい感じになっている。

でも、教室には、どうしても必要な掲示物もある。それらは、どうするか？

子どもたちに作らせてしまうといい。

クラスには、センスの良い掲示物を作れる子がいるはずだ。せっかくの人材を生かさないのは、もったいない。

そういう子は、掲示物を作るのが好きだ。きっと喜んでやってくれる。また、自分の作った掲示物が教室に貼られるのだ。「かわいい！」と、友達から称賛されることもあるだろう。次、頼んでも、間違いなく嬉々としてやってくれる。

この話、教室掲示だけに限らない。

せっかく教室には、「子どもたち」という「人材」がいる。「策略」として、「人材」を上手く活用しよう。

子どもを上手く利用すれば、教師は手抜きができるのだ。

第2章

「非日常」大きな手抜き術

仕事は仕分けと段取りでコスパが上がる

提出袋1つで、配付と催促の手間を省け

新年度初日は、学級づくりにおいて、非常に重要な日である。

21ページに書いたように、「1」で、子どもの心をぐっとわしづかみにしてしまわなければならない。何事も、最初は肝心なのだ。

それなのに、新年度初日は、時間がない。次の日に行われる入学式の準備などがあるからだ。

私の勤務する山口県岩国市では、学級で使える時間は45分間しかない。これ、なんとかならないか?ずっと言い続けているが、なんとかなっていない。

しかし、与えられた条件でなんとかするのが、プロである。私は、45分間を最大限有効に活用する。そのためには「段取り」が欠かせない。まさに分刻みで、スケジュールをつ

くる。そして、そのスケジュール通りに、子どもたちをつかんでいく。

新年度初日は、配付物が多いのも難点だ。学校便り、着任の挨拶、生徒指導関係のもの、保健関係のものなどなど。下手をすると、配り物だけで45分間が終わってしまう。

「配り物をする先生だったよ」

こんな印象しか残せなくては、最悪だ。そこで、私は、

子どもの引き出しの中に、プリントを配っておく

ことにしている。

プリントは、たくさんある。それらを全部、教師1人で配るのは、大変だ。しかし、新年度初日に配って、時間を取られるよりは、ずっといい。

プリントを配っておくことは、45分間を有効に使うための「投資」なのである。

これは、「無駄」ではない。「必要」な投資なのである。私は「無駄」を廃して、コスパを上げろと言っているだけだ。「必要」なことまで排除してしまったら、学級は成り立たない。

新年度当初の配り物には、提出が必要なものも多い。たくさんのプリントの中に、それらを交ぜてしまうと、マズい。提出することに、気づかない保護者もいるからだ。

提出しない保護者がいると、催促の手紙や電話が必要になる。それこそ、その手間は、「無駄」である。

そこで、私は、

提出が必要なプリントは、「提出用封筒」に入れておく

ことにしている。封筒の表には、

「提出が必要なプリント等が入っています。この封筒に入れて、ご提出ください。どうぞよろしくお願いします」

と、書いた紙を貼っておく。そうすれば、他のプリントと紛れない。提出率も上がる。催促をするなんて「無駄」な手間も必要なくなる。

新年度初日から段取りよくスタートしよう。上手く学級をつくれば、教師も手抜きができるようになる。

子どもの名前を早く覚えて、時短せよ

新年度初日を迎える前に、私はたくさんのプリントを配ってしまう。子どもたちの引き出しに、1枚ずつプリントを置いていく。これを、何十回とくり返す。面倒くさい仕事だ。退屈な仕事だ。時には、孤独を感じることさえある。だから、私は、この時間を無駄にしない。

プリントを引き出しに配りながら、子どもたちの名前を覚えてしまう

ようにしている。

席は、出席番号の順番に並べる。そして、引き出しには、名前が分かるものを置いてお

く。

私は出席番号1番の子から、名前を呼びながら、プリントを置いていく。何十回と呼んでいくのだから、出席番号と名前を覚えてしまう。

私は、毎年、

新年度初日までに、出席番号順に、子どもたちの名前を全部言えるようにする

ことにしている。

そのために、プリントを配っておく時間は、有効だ。時には、クイズのようにして配る。

「次は、……〇〇〇くんだったな。よし、正解！」

こんな風にして、クイズをしながら配る。クイズを楽しみながら、子どもたちの名前を覚えてしまうのだ。

もちろん、プリントを配る時だけではない。たとえば、新年度最初には、子どもたちの氏名印を押す機会も多い。

そんな時も、私は小さな声で、子どもたちの名前を呼びながら押す。こうやって、子ど

もたちの名前を覚えておく。

子どもたちの名前を覚えておくと、他の仕事も楽にできる。

たとえば、新年度初日までに、前の学年の持ち物をクラス別に分けることも多い。指導要録、保健カード、外国語活動の名札や「ふり返り」を綴じるファイル、探検ボード、地図帳、保健の教科書などなど。今年も、多くのものをクラス別に分けた。

キャリアパスポートのファイルなんて、絶対にいらないと思うものまで分けなければならない。本当に、嫌な時間だ。

「地図帳とか保健の教科書ぐらい、子どもに持って帰らせておけよ。そうすれば、俺らが配らなくて済むのになあ」

なんて、うらみごとの1つも言いたくなる時もある。それでも、「子どもの名前を覚えるため」と自分に言い聞かせれば、少しは我慢できる。

ちなみに、新年度初日に、何も見ずに出席番号と名前を言うと、「お～！」と、教室に歓声が上がる。子どもたちは、驚く。感激する。そして、教師を尊敬する。

子どもの心をつかむこともできて、一石二鳥だ。嫌がらずにプリントを配って、子どもたちの名前を覚えておこう。

教材選びは、人任せ

新年度初日を迎える前には、たくさんの仕事がある。その仕事の1つが、教材選びだ。テスト、ドリルなど、どれを使うか選ぶ仕事である。

私は、この仕事が実は、嫌い。とっても、嫌い。面倒くさいからだ。

調べたわけではないが、教材を作っているメーカーだけで、10社以上はありそうだ。しかも、それぞれの会社が、数種類のテストやドリルを作っている。だから、国語のテストを選ぶだけでも、大変だ。膨大な数のテストを比べて、選ばないといけない。

テストだけでも、国語、算数、理科、社会、英語、家庭科、保健と、7つも選ぶ。さらに、漢字ドリルや計算ドリル、朝自習用のプリント…う～ん、書き出しているだけでも、嫌になってきた。吐きそうだ。そうそう、ノートも選ぶな。連絡帳もあった。

書き出しているだけでも、嫌になる大変さだ。それなのに、数社のテストを真面目に比べて、選んでいる教師が多い。

しかし、どのテストも、どのドリルも、そんなに違いはない。教材会社が一生懸命作っているものである。どれも、レベルは一緒。少なくとも私には、同じに見える。

私には、こだわりがない。「こんな教材がいい」なんて、全く思わない。

また、与えられた条件で仕事をするのが、プロだと思っている。このドリルだと授業できるけど、このドリルだとできない。それでは、プロ失格。テストなども、同様だ。

まあ、これは面倒くさい教材選びから逃げるための言い訳。つまり、方便なのだけど。

そんな私が使う「奥の手」がある。それは、

去年の担任に「これは困った、使いにくかったっていう教材はある?」と、聞く

ことである。4年生を担任するとしたら、去年の4年生の担任に聞くのだ。

そして、「ない」と回答されれば、去年と同じものを頼む。学年の綴りなどに、去年の発注書は、残っている。だから、

去年の発注書を、そのまま使う。

もちろん、子どもの人数や担当教師の名前などだけは、修正する。「あった」と回答されれば、どれか聞く。そして、その教材だけを選び直す。選び直すと言っても、教材屋さんのオススメにするだけだ。彼らは、教材のプロ。彼らのオススメを買って後悔したことはないな。

学年1クラスなら、こんな感じ。学年に数クラスだと、そうはいかない場合もある。教材にこだわりのある教師と、同学年を組むこともあるからだ。

その場合は、任せてしまう。私は、自分からは、意見を言わない。だって、意見がないんだもん。まあ、求められれば、言うな。さすがに、新年度当初から、同学年との関係を壊すわけにはいかないからだ。でも、「どっちでもいいじゃん」と、心の中では思っている。

年度の途中で、図工などの教材を注文することもある。そんな時も、一緒だ。前の年の担任に、去年のことを聞く。または、こだわりのある同学年の教師に任せる。

みんなもこだわりを捨てると、いいのにな。捨てれば、私のように手抜きができる。

文書は読まずに捨てろ

新年度最初、4月のはじめに、職員会議が行われる。その中で、たくさんの提案がされる。文書も、驚くほど、たくさんの量である。

今は、電子化されている。しかし、昔は、紙だった。全ての提案文書が、印刷して配られる。たとえでなく「山のような」文書が、机の上に置かれていた。

それらの文書を全部読んでいたら、莫大な時間がかかる。そこで、私が職員会議の司会を担当した時は、

「文書を全部読むのは、絶対にやめてください。みんなに知っておいて欲しい非常に重要なところ、去年と変えたところだけでお願いします」

と、釘を刺しておく。

たとえば、給食指導についての提案である。準備の仕方、給食の食べる時の指導、後片付けの仕方などなど。細かなことを全部説明していくと、キリがない。

どうせ聞いても、全部は覚えられない。後で、去年からいる教師に聞きながらやるしかないのだ。

だから、私は司会として、「全部読まない」ようにお願いしているのである。

私が司会をすると、早く済む。普通、3日かかる提案が、1日で済む。新年度最初で忙しい教師にとって、2日も時間が浮くことは有り難い。だから、ある学校では、毎年最初の職員会議の司会は、私に決まっていた。もちろん、教務主任や教頭は、合法的に「職員会議の司会は、〇年担任から」と、私の学年を指定していた。

山のような文書は、どんどん捨てていた。最初に捨てるのは、校長から出される「学校目標」など。いや、怒られるか。真面目な先生は、きちんとファイルに綴じていたな。でも、年度途中で見直すことがあるのかな、と真面目に思う。

最初の職員会議だけでない。私は、

文書は、できるだけすぐ捨てる

ことにしている。もちろん、「避難訓練のマニュアル（教師の動き）」が載っている文書などは、取っておく。「マニュアル」があった方が、当日、私が動きやすいからだ。しかし、避難訓練の「マニュアル」以外の部分は、捨てる。目的や準備など、私に関係のない部分は、すぐ捨ててしまう。「マニュアル」も行事が終われば、すぐ捨ててしまう。

捨てていいのかどうか？迷う文書もある。そんな時、私は、

捨てていいかどうか？迷ったら、捨てる。
どうしても必要になったら、真面目な教師にコピーさせてもらえばいい。

こう考えて、どんどん捨ててしまう。

文書と言えば、最近、回覧文書も多い。文書の上に、職員名簿が貼ってある。読んだ人は、自分の名前にチェックして、次に回す仕組みである。私は、

回覧文書は、ほとんど読まない。自分の名前にチェックだけして、すぐ次の人に回してしまう。

回覧文書のほとんどは、無駄な文書だ。だから、職員会議できちんと提案されることもなく、回されているのである。

万が一、大切な文書でも、大丈夫。その文書には、「必読」などの注意事項が、目立つところに書いてあることが多い。

また、回答が必要な文書が回ってくることがある。私は、スルーしてしまうこともある。でも、どうしても必要なら、担当が、直接言いに来る。まあ、こんなことは、年に1回あるかないかだ。

今、私と同学年を組んでいる教師は、去年も同学年。2年続けてのパートナーだ。だから、彼女は、回覧文書が回ってきたら、

「中村先生の名前もチェックして、次に回しておきました」

と、言ってくれる。心得たものである。彼女にも、手抜きのセンスがありそうだ。

最初の手抜きより、後の手抜き

若手教師のクラスでは、たくさんのトラブルが起きるだろう。しかし、恥ずかしがることはない。42ページにも書いたが、

学級、学校は、トラブルの起きるところである。
子どもたちは、トラブルを起こす生き物である。

まずは、このことを理解しておくといい。こう考えれば、問題が起きても、余裕を持って対応できる。

トラブルが起きることが問題なのではない。問題は、その対応だ。

一番まずい対応は、隠すこと。トラブルが起きたら、まずは、学年主任に相談しよう。そうすれば、どう対応すればいいか教えてくれる。

あなたは、学年主任の指示通りに、動けばいいのだ。学年主任の指示通りに動けば、失敗しても、あなたに責任はない。指示した学年主任の責任である。こうやって、

人の「せい」にしながら、仕事をする。責任を取らなくて済むように、仕事をする

ことが大切だ。このぐらいの「したたかさ」がなければ、厳しい学校現場を生き抜くことはできない。私は、人の「せい」にして、30年間過ごしてきた。

トラブルが起きた時、真っ先に考えなければならないのが、

保護者の怒りを買わないこと

である。

子ども自身は、実は、どうにでもなる。怖いのは、保護者。保護者の怒りを買うと、大

変だ。管理職に出てもらったり、教育委員会にまで出てもらったり。どんどん問題が大きくなってしまう。

そうなってしまったら、手抜きはできなくなる。それどころか、夜遅くまで学校に残って、保護者対応をすることになってしまう。休日にも学校に出て、保護者対応をすることになってしまう。

一番大切にしないといけないお客さんは、保護者だ。

と、心得よう。そして、一番のお客さんの怒りを買わないように、対応しよう。

保護者の怒りを買わないためには、初期対応が大切だ。初期対応で、「火消し」をする。

そのためには、次の対応が大切だ。

初期対応のポイントは、素早い対応。
そして、相手が思うより一段上の対応である。

『策略―ブラック生徒指導　二度と問題を起こさせない叱り方』47ページに書いた生徒指導の原則である。

たとえば、私の対応は素早い。トラブルが解決すれば、保護者にすぐに電話をしてしまう。解決できなくても、途中経過を連絡することもある。

また、お金がからむトラブルやケガの場合は、すぐに家庭訪問をする。まずは、被害者が、最優先だ。被害者の怒りを買わないようにするためである。

家庭訪問をすれば、誠意が伝わる。顔を見て話せば、保護者も怒りにくい。

「○○くんにケガをさせてしまって、本当に申し訳ありません」

「○○さんの○○が壊れてしまって、大変申し訳ありません」

こんな風に謝罪すれば、保護者も許してくださる。

「わざわざ来てくださって、ありがとうございました。電話でも十分でしたのに」

と、言ってくださる保護者もいる。しかし、

「お顔を見て、直接謝りたいと思いまして」

と、言えばいい。

ここは手抜きせず、面と向かって謝罪し、許してもらうのが得策である。

社会人失格でも、家庭訪問のアポ取りは省け

私は、生徒指導主任を担当している。担当として、トラブルのあったクラスの教師に、家庭訪問をお願いすることもある。

そんな時、電話でアポ（アポイント）を取ろうとする教師が多い。アポを取ってから家庭訪問をするように指示する管理職もいる。

教師は、誠実だ。誠実だから、アポを取るなんて、丁寧な対応をする。丁寧な対応は、悪いことではない。

また、アポを取ってから、家庭訪問をするのが、社会人としての常識だろう。礼儀だろう。教師も、社会人。アポを取るのが、当然と言えば、当然だ。

しかし、私は、

電話でアポを取らずに、直接家に行ってしまうことをオススメしている。

「今から謝罪と説明にうかがいたいんですけど、よろしいですか？」

誠実な教師が、こんな電話をかける。すると、保護者に、

「この電話でいいですよ」

と、言われてしまうことが多い。つまり、家庭訪問をすることを断られてしまうのだ。

断られてしまうと、家庭訪問には行けない。顔を見て、謝罪ができない。

「いや、行かせてください」

と、強引にことを運ぶのは、得策ではない。それこそ、社会人としての見識を疑われてしまう。絶対に、やってはいけない行為だろう。

そこで、私は、アポなしで家庭訪問をしてしまう。もちろん、留守の場合もある。それでも、何度も家庭訪問をしてみる。そして、顔を見て、直接謝罪する。

私の経験上、いきなり家庭訪問をして、そのことを咎められたことはない。

「わざわざ来ていただいて」

と、感謝されることばかりだ。

アポなしの、いきなりの家庭訪問である。誠実な手順を踏んでいるとは、言えない。社会人として、常識のある行動であるとも、言えない。

それでも、

強引にことを運んだ方が、上手くいく場合だってあるのだ。

保護者への謝罪は、面と向かってが一番である。となれば、多少、強引でも、家庭訪問を実現させた方がいい。

プロ教師は、結果を出すためなら、強引な手も使うのだ。

被害者へ先に電話すれば、1つ時短

私は、お金がからむトラブルやケガの場合は、すぐに家庭訪問をすると書いた。『ブラック』の読者には、私のフットワークの軽さを真似して欲しい。素早く誠実な対応は、問題を大きくしない。必ず、それ以降の手抜きにつながる。

しかし、現実には、家庭訪問をする教師は少ない。こういったトラブルのほとんどが、電話連絡で済まされる。

私の学校では、トラブルが起きたら、チームをつくって対応している。チームで相談している時に、管理職が「電話で」と、判断することも多い。その場合は、「電話で」対応することになる。

もちろん、私も、意見は言う。しかし、最終的には、管理職の判断だ。私は、自分の意見をごり押ししない。組織人として、管理職の決定に従う。

お金がからむトラブル、ケガをした場合なのに、電話での対応になることも多い。その時、多くの教師が迷うことがある。

たとえば、Aくんの鉛筆をBくんが折った、というトラブルがある。Cくんがにケガをさせた、というトラブルがある。つまり、こういうトラブルには、加害者と被害者が存在する。

その場合、加害者と被害者、どちらに先に電話を入れるか?だ。

私の選択は、いつも決まっている。

まずは、被害者に電話を入れる。

トラブル対応で一番に考えなければならないのは、保護者の怒りを買わないことである。

こういうトラブルで腹を立てるのは、当然、被害者。だから、被害者の怒りを収めることを最優先に考える。だから、まずは被害者に電話を入れて、謝罪するのだ。

学級で起きたトラブルは、担任の責任である。そう思えば、誠心誠意、心から謝ることができる。誠実さが伝われば、そんなに怒りを買うことはない。

それにプラスして、被害者のお怒り具合を、先に知っておいた方が得策だからだ。


被害者に先に電話をかけて、お怒り具合を把握しておく。そうすれば、加害者への電話で、被害者の怒りを解くための対応をお願いしやすい。

たとえば、被害者の保護者が、

「大丈夫ですよ。うちの子も悪いんですすし。謝罪とか、必要ありませんので」

と、言ってくださるケースがある。その場合は、加害者への電話で、

「○○さん（被害者）も、大丈夫だと言ってくださっています。謝罪も必要ないと言ってくださっていますんで」

と、伝える。加害者の保護者も、ホッとされることが多い。

逆に、被害者の保護者が、お怒りの場合もある。物を壊されて、弁償して欲しいと思っている場合もある。そんな時は、加害者の保護者への電話で、

「○○さんが、かなりご立腹で。申し訳ありません。謝罪の電話をかけていただいてもいいですか？」

「○○さんは、弁償して欲しいと思われているようです。すみませんが、電話して、相談していただけますか？」

などと、お願いする。この場合には、

先にかけた被害者への電話で、加害者に電話番号を教える許可を取っておく

といい。謝罪や弁償が必要だと判断すれば、

「○○さん（加害者）に○○さん（被害者）の電話番号を教えてもよろしいでしょうか？」

と、許可を取っておくのだ。

この許可を取っていないと、被害者にもう一度電話しないといけなくなる。また、それを受けて、加害者にもう一度電話しないといけなくなる。しかし、許可を取っておけば、被害者、加害者、1回ずつの電話だけで済む。まさに「手抜き」。

保護者だって、学校からの電話に、何度も出るのは嫌だろう。教師の段取りのよい「手抜き」は、保護者にも喜ばれる。

「手抜き」を喜ぶ保護者もいる

ここまで、保護者対応について書いてきた。我々教師が一番心を痛めているのが、保護者対応である。一番時間を取られるのも、保護者とこじれた場合である。

一番のお客さんは、保護者だ。

という意識を持って、全力で保護者対応に当たろう。そうすれば、保護者に時間を取られることもなく、「手抜き」ができる。

しかし、クラス35人全員の保護者に「全力」で対応できるわけがない。担任教師は、1人。1人が35人に「全力」で対応するのは、無理である。そこで、

保護者によって、対応を変える。「全力」で対応する保護者と、「手抜き」で対応する保護者を区別する

どの保護者も平等に、なんて幻想にすぎない。全ての保護者に「全力」で対応していたら、いくら時間があっても足りない。

「全力」で対応するのは、まずは、モンスターペアレントと言われる保護者だ。

私もいろいろな保護者の子を担任してきた。市や学校相手に裁判を起こしていた保護者の子も、何人も担任してきた。

こういう保護者は、まさに「ＶＩＰ」。最大限のおもてなしをしなければならない。

ちょっとでも「殿下（ＶＩＰの子。親しみを込めて、陰でこう呼んでいた）」に何かあれば、連絡を入れる。

連絡は、悪いことだけではない。「殿下」にちょっとした変化があれば、連絡する。また、「殿下」が良いことをしたら、すぐに連絡を入れる。「殿下」を褒めることは、「ＶＩ

P」にとって、最高のおもてなしになる。

逆に、一番「手抜き」ができるのが、無関心な保護者である。

たとえば、クラスには、多くのトラブルを起こす子がいるだろう。その子がトラブルを起こす度に、教師は、保護者に連絡を入れる。当然と言えば、当然の対応だ。

しかし、子どもを指導してくれない保護者もいる。教師から電話があったことすら、子どもに言わない保護者もいる。電話した効果が、全く感じられないのだ。それどころか、学校からの電話を「うざい」とさえ思っているようだ。

この手の保護者を、何人も見てきた。そして、そんな保護者の場合、私は、電話をするのをやめてしまう。


**電話したって、全く効果がないのだ。効果のないものに、時間をかけてはいられない。

まさに時間の無駄。時間がもったいないだけである。**


もちろん、相手に謝罪や弁償が必要なことは、連絡する。しかし、それ以外は、連絡しない。その方が、お互いに幸せだ。無駄なことには、時間を使わず、手抜きをしよう。

休んだ子のために時間を使うな

熱などで、お休みをする子がいる。それでも、たった1人のために、授業を止めるわけにはいかない。だから、教師は、授業を進める。当たり前の話である。教師は、大勢を幸せにする商売だからだ。

しかし、良心的な教師は、少数も大切にしようとする。休んだ子のために、補習をするのだ。しかも、貴重な休み時間を使ってである。

熱などの病気が理由なら、仕方ないかなあと思う。しかし、最近の子は、簡単に休む。

「家族でお出かけ」なんて理由で、簡単に休む。

私のような昭和の男には、信じられない話だ。最近の保護者は、学校という「公」より、自分の都合。「公」より「私」が、優先される。「私」が、一番大切なのだ。

私は、正直、

「自分の都合で休んだんだから、補習なんてしなくていいよな。自分の責任で補えよ」

なんて、思う。しかし、口には出さない。

こういう保護者に限って、うるさいことが多い。「学力保障せよ」なんて、苦情をもらう心配がある。

愚痴がすぎた。ここからは、解決策。自己都合で休んだ子のために、貴重な時間を使わなくて済む方法である。いや、熱で仕方なく休んだ子のためにも、だな。それは、

授業の最初、前の時間の復習から入る

という方法である。

「昨日学習したところは難しかったから、復習から入るよ」

と、言い訳する場合もある。でも、一番多いのは、

「昨日、○○ちゃんが、お休みだったでしょ。○○ちゃんのために、復習するよ。みんな教えてあげてね」

と、正攻法で語ることだな。そして、他の子に確認しながら、前時の学習を復習していく。

さらに、

「○○ちゃん、分かった?やってみて」

と、休んだ子を黒板の前に出させて、問題を解かせることもある。

授業の最初5分、前日休んだ子のための授業をする

と、言ってもいい。

これ、他の子にとっても、良い復習になる。また、休んだ子に教えてあげることで、優しさも学べる。

お休みした子だって、学校に復帰した日は、遊びたいもの。「明日、学校に行ったら○○ちゃんと○○して遊びたい」と、楽しみにしている子もいる。そんな子から、休み時間を奪うのは、酷な話。

授業の最初5分で、補習を済ませてしまう。こんな手抜きは、休んだ子にも、他の子にも、教師にも優しい「策略」なのである。

個人懇談は「最後に」と、話を切れ

夏休みの前日は、個人懇談だった。これで、最後の難関を突破。次の日から、楽しい夏休みがやってくる。くり返し公言しているが、私は夏休みが、だ〜いすき！

今回の個人懇談で、驚いたことがある。1時間以上、終了時刻が延びた若手教師がいたことだ。実は、この日、生徒指導上のトラブルがあった。そこで、たまたま、その若手教師を待っていたから、分かったことだけどね。

もちろん、私は予定時刻よりも早く、個人懇談を終えていた。だから、定時に帰る予定だった。しかし、生徒指導上のトラブル発生である。こんな時、私は残って、仕事をする。定時に帰ることを優先しない。そんなことをしてしまったら、後でもっと面倒くさいことになりがちだからだ。長い目で見れば、ここで我慢して残った方が、「手抜き」できる。

私は常に、どっちが得か?を、計算しながら生きている。

個人懇談の後、職員室に残っていて、初めて分かったことがある。みんな、基本的に終了時刻が延びている。この若手教師の1時間延長は、さすがに稀だ。しかし、30分程度延びている教師は、ザラだった。

この現状を知って、心配になった。30分延長しているということは、30分待たされている保護者がいるということ。

これ、保護者の怒りを買うこと、間違いなしだな。みんな、忙しいからだ。私が保護者なら、相当にイライラする。私は、お金には寛容だ。無駄遣いすることは、全く気にならない。しかし、時間には、うるさい。時間の無駄遣いが、一番嫌いである。そんな私が30分待たされたら、…教師を罵倒してしまうかも知れないな（154ページに「人を罵倒するような人間は、不幸になれ！」と書いている。この辺りの矛盾、適当さが私の魅力だ、と勝手に思っている）。いずれにせよ、

個人懇談の時間を延ばすことは、間違いなく、保護者の不信につながる。担任バッシングにつながる。絶対に、してはいけない行為である。

非難だけして、解決策を示さないのは、まずい。具体的に、解決策を示そう。いや、せっかくなので、中村の個人懇談全体の「策略」を書こうかな。

保護者を教室に招き入れる。まずは、当然、挨拶である。ここ数年、家庭訪問がなくなった。そこで、保護者と一対一で話すのは、初めて。

「○○くんの担任をさせていただいている中村です。今日はお忙しい中、ありがとうございます」

まずは、こんな挨拶をする。人間として、当然の礼儀である。次は、

「最初に、○○くんについて心配されていることがあれば、教えてください。体のことでも、学習のことでも、友達関係のことでも、性格のことでも、なんでも構いません」

と、話を振る。これは、保護者から話を引き出すための「策略」だ。心配していることが出されれば、それに答える。心配していることがなければ、

「○○くんなら、そうでしょうね。クラスでも、心配することが、全くありません。本当に、良い子ですよね」

と、褒めることができる。

保護者が心配していることの相談が終われば、次は、ホメホメタイムである。用意した

メモをもとに、褒めまくる。

ちなみに、私は個人懇談用に、子どもたちの良さをメモしたものを用意している。１人につき、10程度箇条書きにしたものだ。主に、毎日発行している学級通信を読み直して、整理している。

私は、こういう準備をすることに、時間を惜しまない。何度も書いているが、我々教師の一番のお客さんは、保護者。教師は、一番のお客さんのご機嫌を取っておくべきだ。準備不足で、保護者のご機嫌を損ねるようでは、話にならない。保護者は、自分の子どもが褒められれば、嬉しいもの。一番のお客さんが喜んでくださるよう、満足してくださるよう。教師という名の営業マンは、最大限の準備をして、個人懇談に臨むべきだ。

メモを見ながらは、話さない。時々は、目を落として見るが、保護者に気づかれないようにする。その子にまつわる、いろいろなエピソードを覚えているように話すのだ。その方が、子どもたちをよく見ている教師だという印象を与えることができる。

子どもをたくさん、褒める。そして、保護者が満足している様子がうかがえたら、次のように言う。

「最後に、ご要望等あれば、おうかがいしますが」

ポイントは、「最後に」だ。これで、話を切りにかかっていることが、相手に伝わる。子どもを褒められて満足した保護者は、

「特に、ありません。2学期も、このままよろしくお願いします」

と、言ってくださることが多い。これで、話は終了である。

「ありがとうございます。2学期も、どうぞよろしくお願いいたします」

お礼を言って、お帰りいただく。

勤務校では、個人懇談は、1人10分で設定されている。私は、時計を見て時間を管理しながら、7~8分で話を終えるようにしている。だから、廊下で待つ保護者は、ほとんどいない。廊下で待つ保護者の気配を感じたら、ますます時間を急ぐ。

個人懇談は、保護者を待たせずに済むように「策略」を練ろう。短時間で終わらせる「手抜き」をした方が、保護者の怒りを買わずに済む。

通知表の所見は、人真似をせよ

通知表は、保護者に渡すものだ。くり返し書いているが、保護者が一番のお客さんである。一番のお客さんに渡すものには、誠実に取り組まなければならない。「誠実に」と言っても、時間をかければいいというものではない。同じぐらい保護者が納得するものができるなら、「手抜き」した方がいいに決まっている。

通知表も「手抜き」をして、コスパを上げよう。本書の一貫したコンセプトである。時間が省略しやすいのが、所見だろう。まずは、総合所見の話（総合的な学習の所見ではない。子どもの様子全般を書いたもの。ややこしいよね）。私は、クラス全員35人程度の所見を書くのに、30分かからない。

通知表は、年3回。教師生活は、30年。私は、3×30＝90で、90回も所見を書いてきたことになる。そんな私は、頭の中に、いろいろな文例が入っているのだと思う。子どもの記録を見ながら、その文例に当てはめていく。だから、時間がかからない。まあ、これは、ベテランだからできる技。

若手教師は、頭の中に文例がないだろう。だから、

教育書や教育雑誌、先輩の書いた所見などを、真似して書く

ことからスタートすればいい。人真似は、決して悪いことではない。

一説では、「学ぶ」の語源は、「真似る」である。私はクラスでも、作文の書き方や内容、発言の仕方や内容など、どんどん教科書や友達の真似をするように言っている。

また、私は『策略—ブラック学級づくり　子どもの心を奪う！クラス担任術』（132ページ）で、次のように言っている。

そもそも私はオリジナリティにこだわらない。
子どもたちにとって、誰が開発したネタなのかなんて関係ないからだ。

これは、ネタについて書いたものだ。しかし、所見にも当てはまる。所見を0（ゼロ）から自分で考えて書くのは、まさに「開発」である。「開発」には、多くのコスト、時間と労力がかかってしまう。

だから、「開発」にこだわるのは、無駄。コスパを下げる行為である。

それよりは、先人が「開発」してくれた所見を、真似した方がいい。あなたが自分で考えた所見より、はるかにデキも良いはずだ。

本屋に行けば、所見例が載っている教育書や教育雑誌をたくさん売っている。今の若手教師なら、ネットかな。まあ、本屋でもネットでも、それらを買って、真似をしよう。

本を買うお金を、けちってはいけない。真似して書けば、あなたの頭の中にも、文例ができる。たくさんの文例ができれば、「手抜き」して、楽に、所見が書けるようになる。頭の中の文例は、あなたの教師人生の財産になるのだ。

尊敬できる先輩の所見をコピーさせてもらうのもいい。これは、お金をけちっているわけではない。やはり、同じ職場で働く、「生」の先輩の所見は、勉強になる。

後輩として、かわいくお願いしてみよう。尊敬できる先輩は、きっと喜んでコピーさせてくれる。先輩の所見を真似して、「手抜き」しながら、楽に力をつけていこう。

道徳や総合的な学習の所見は、アンケートで手を抜け

昔は、総合所見だけ書いていれば良かった。しかし、今は、違う。私が担任している4年生だと、外国語活動の所見も、書かないといけない。総合的な学習の所見も、書かないといけない。道徳の所見も、書かないといけない。

昔1つで済んだ所見が、今は4つ。仕事も、4倍だ。

所見が4倍に増えた分、他の仕事を減らしてきたか？そんな話は、聞いていない。仕事は、一方的に増えるだけ。

これ、所見の話だけじゃないよなあ。1人1台のタブレットが増えた分、何か仕事を減らしたか？キャリアパスポートなんて、意味不明のものを増やした分、何か仕事を減らしたか？これでは、教師の仕事が「ブラック」と呼ばれて、当然である。

仕事を1つ増やせば、1つ減らす。そうしないと、どんどん仕事は増えていく。

こんな簡単な話が、文部科学省には、分からないらしい。

だから、小学校教師の志願率が、どんどん下がっている。倍率1倍を切る日も、近いだろう。

当然と言えば、当然の結果だ。自業自得である。ざまあみろ！と言いたいが…そのツケは、現場にやって来る。困るのは、結局、現場の教師。文部科学省は、困らない。だから、愚策を続ける。

いや〜。我ながら、今日は、毒を吐くな。調子がいいぞ。

さて、本題。総合所見以外の所見の話。

外国語活動は、毎時間の「ふり返り」を綴じるファイルがある。だから、それを見ながら、所見を書く。

総合的な学習も、「ふり返り」だな。活動を行う度に書かせてきた「ふり返り」を読みながら、書く。

道徳は、道徳ノート。道徳ノートには、子どもの意見や気づきが書いてある。だから、それを見ながら、所見を書く。

まあ、これらが正攻法だろう。しかし、何枚もの「ふり返り」を読み直すのは、時間がかかってしまう。そこで、次の方法が、オススメだ。

学期末に、アンケートを取る

方法である。

たとえば、以前勤めた学校では、道徳の所見は、「学習活動の大まかな様子」「教材名」「子どもの成長」で書くことになっていた。

そこで、「今学期の道徳の時間で、がんばったことを5つ箇条書きにしなさい」「自分が成長したと思う教材を3つ書きなさい。その理由も書きます」という項目で、アンケートを行った。

子どもたちは、自分の道徳ノートを見ながら、アンケートに答える。そうすれば、教師は、このアンケート1枚を見るだけで、所見を書くことができる。

外国語活動なら、もっと簡単なアンケートで済む。「今学期の外国語活動で、一番がんばったと思う単元を1つ書きなさい」「その理由を5つ箇条書きしなさい」で、OK。総合的な学習の時間は、さらに簡単だな。白紙を配って、「今学期の総合的な学習の時間で、がんばったこと、気づいたこと、考えたこと、もっとしたいと思ったこと、などなど。なんでもいいので10個箇条書きしなさい」と、指示するだけでいいだろう。

いずれにせよ、

教師が所見を書くために必要なことが、1枚で分かるアンケートにする

必要がある。

学校によって、所見の形式や事情は、異なるはず。それに合わせて、自分が所見を書く時に困らないだけの情報が集まるアンケートを作ればいい。

たまに、所見が書けないアンケートを書く子もいる。そんな時は、仕方ない。最初に書いたように、ふり返りファイルや道徳ノートを見直す必要がある。

でも、その子の分だけで済む。全員のファイルやノートを見直すよりは、ずっと楽だ。たくさん所見を書くのは、大変だ。アンケートを取って、手抜きをしよう。

前ページで終わったと思ったでしょ。私も、思った。でも、…いいこと思いついちゃった。アンケートの手法、総合所見にも使えるな。

128ページに「子どもの記録を見ながら、その文例に当てはめていく。だから、時間がかからない」と、サラッと書いてしまっていた。でも、気になっていたんだよな。

私は、わりとこまめに、子どもの記録を取っている。また、私のようなベテランは、子どもを見る目が育っている。「この子は、こういうタイプの子だ」というのが、なんとなく分かってしまう。

しかし、子どもの記録をあまり取らない教師もいるだろう。若手には、子どもを見取るのが苦手な教師もいるだろう。

そんな教師は、いくら文例が頭の中に入っていても、所見は書けないな。書く内容が分からないからだ。そこで、総合所見でも、学期末アンケートである。

たとえば、「今学期、あなたが一番がんばったことはなんですか？」とアンケートを取る。いや、「がんばったことを5つ書きなさい」かな。「授業中にがんばったことはなんですか？」と、場面を限定してもいい。「友達のがんばりを書きなさい」も使えそうだ。

総合所見も、学期末にアンケートを取れば「手抜き」して書けそうだ。

完璧な評定は無理と、あきらめよ

まず、次のことは、理解しておいた方がいい。それは、

完璧に客観的な評定は、無理

ということだ。

あなたがどれだけの時間をかけようが、どれだけの労力をかけようが、正当な評定をすることは、無理である。

しかし、一番のお客さんである保護者に渡す評定である。いい加減なことはできない。

そこで、私が考えているのが、

なぜ、その評定にするのか？保護者に説明できるようにする

ことである。

「知識・技能」「思考・判断・表現」は、テストの点数でつける。これが、一番客観的な資料だ。保護者にも、納得してもらいやすい。

ちなみに、私が勤務してきた学校では、Aが90％以上、Cが60％以下と共通理解することが、多かった。だから、私は、その基準に従って、評定をつける。

組織として、足並みを揃えるのは、当然のことである。足並みを揃えなければ、保護者から、苦情を受ける可能性もある。足並みを揃えるのは、自分を守るためなのだ。

しかし、組織人としてでなく、中村健一個人としては、この基準に反対だ。

テストを作っている教材会社の基準では、Aは80％以上になっている。テストづくりのプロがつくった基準である。私のようなシロウトの判断で、基準を変えるべきではない。

しかも、90％以上にする理由は、「Aの子が増えすぎるから」。プロが80％をクリアすれば、Aだと言っているのだ。それなのに、こんな理由でBをつけるのは、正当な評定とは

言えない。
Aが多すぎるからと、勝手に95％以上にする学年団もある。これは、もっと、ハテナ（?）だな。「知識・技能」は、Aが多くて当然である。「思考・判断・表現」は、Aが少なくなって、当然である。それなのに、調整をして、「知識・技能」も「思考・判断・表現」も、同じぐらいにできているようにする。正直、意味が分からない。絶対にやってはいけないことだと思う。

難しいのが、「主体的に学習に取り組む態度」である。

私は、基本的に、ノートでつける。授業中、ノートに自分の考えを書かせる場面を多く設けている。また、授業のふり返りも参考にする。

ノートに書かれた意見やふり返りを見ながら、ABCの3つに分ける。

たまにノートに100点満点で点数をつける教師を見かける。しかし、これ、愚の骨頂。

たとえば、国語の80点のノートと、算数の80点のノート。全く同じレベルだと、説明ができるだろうか？

たとえば、80点のノートを基準に85点、75点のノートの5点差。この5点は同じ差だと、説明できるだろうか？

絶対に、無理である。点数化できるわけがない。だから、私は、ＡＢＣの３つに分けるだけにしている。

それにプラスして、テスト勉強を評定に入れる。私のクラスでは、テスト前日の宿題の１つは、テスト勉強だ。「たくさんがんばってきた子は、◎」「がんばっていない子は、×」など、毎回のテスト勉強の評価が残っている。ものすごくがんばり続けた子がいれば、Ａをつけてあげたくなるのが、人情である。

いずれにせよ、私が「主体的に学習に取り組む態度」の評定に使うのは、基本、ノートとテスト勉強の２つである。判断材料が多すぎると、複雑になる。そして、かえって、客観的な評定ができなくなる。

評定を一度つけてしまったら、迷わない

ことも、大切だ。どうせ、客観的な評定など無理なのである。いつまでも迷っているのは、時間の無駄だ。

保護者に説明できるだけの材料が揃ったら、その評定で良しにしよう。

誰も読まない指導要録に心砕くな

今年も、だ～い好きな夏休みがやって来た！たっぷりの時間がある中で、今年も『ブラック』を書いている。

『ブラック』も、9冊目。『ブラック』を書く夏休みも、9回目。本当に有り難いことである。編集の佐藤智恵ちゃんと、日本全国3億人の『ブラック』ファンのお陰だな。この場を借りて、お礼を言います。「ありがとうございます!!」

さて、本題。私は夏休み、『ブラック』と共に、必ずやっている仕事がある。それは、指導要録である。

『ブラック』で何度も書いているが、私は、

指導要録は、読者0（ゼロ）の読み物だ。そんな読み物のために、時間をかけるのはもったいない。

と、思っている。心から、思っている。

そこで、時間のた～っぷりある長期休業中にできるだけ済ませてしまうことにしている。特に、当番の時にすることが多い。最近は、長期休業中には、あまり電話がかかってくることがなくなった。お客さんも、少ない。そこで、当番は、暇だ。それでも、基本、事務室にいないといけない。これが、キツい。私は、このプチ拘束状態が、大の苦手である。

「1万円あげるから、誰か代わってくれ！」と、言いたくなる。

私は、暇が大嫌い。暇をしていると、とにかく時間が経たない。そこで、この時間を使って、指導要録を書く。

暇もつぶれる。時間も過ぎる。しかも、指導要録を進めておけば、3月の忙しい時期に楽できる。まさに一石二鳥、いや三鳥だな。

指導要録を「書く」と言っても、実は、コピペだ。

指導要録の所見は、通知表の所見のコピペで十分

である。

私の勤務校の4年生は、通知表に、1学期は外国語活動の所見、2学期は総合的な学習の所見、3学期は道徳と総合所見を書くことになっている。

これ、実に、よくできている。次に転勤した学校でも、このシステムを提案したいぐらいだ。他の学校でも、真似することをオススメする。

夏休みは、外国語活動の所見が書ける。いや、コピペできる。通知表の文面をコピペする。そして、文末を言い切りの形にすれば、外国語活動の所見が完成だ。

冬休みは、総合的な学習の所見を書く。通知表をコピペして、文末を言い切りに変えれば、総合的な学習の所見も完成である。

春休みは、道徳と総合所見を書く。これも通知表をコピペして、文末を変えれば完成だ。

指導要録も、一番大変なのは、所見である。しかし、こうやって1年かけ、段取りよく進めていく。そうすれば、手を抜いて、簡単に指導要録を完成させることができる。

研究授業の指導案は、コピペで作れ

私は、積極的に、研究授業を受けてきた。理由は、簡単。好きだからだ。私は、基本的に、お調子者である。目立つことが、好き。人前で授業するのも、好き。私は、結果的に、良かったと思っている。若い頃から、たくさんの研究授業をしてきた。だから、授業力をつけることができた。好きでやってきたことが、教師としての力量を上げてくれたのだ。

本書を読んでいる教師は、熱心な方だろう。でも、教育書を読むことで、満足して欲しくない。やはり、教師として力を伸ばすには、実際にやってみるしかないのだ。

大勢の人に見てもらえる研究授業は、教師としての力を大きくアップさせてくれる。若手教師にも、ぜひ、どんどん研究授業を引き受けて欲しい。

研究授業が好きな、私である。しかし、嫌いなことがある。指導案だ。

指導案、めんどくさ～い！特に、細案、めんどくさ～い！

これが、私の心の叫びである。

そうは言っても、指導案を書かなければ、研究授業はさせてもらえない。そこで、若い頃は、一生懸命書いた。

指導案を書くために、学習指導要領をじっくり読んだものだ。それはそれで、勉強になった…気がしていた。

その作業、そのがんばりが、今の私に生きているか？答えは、ノーだ。学習指導要領をじっくり読んで学んだことは、0（ゼロ）だと言っていい。全く役に立っていない。

いや、「学習指導要領をじっくり読んでも、無駄」ということが学べたか。

そういえば、『子どもを「育てる」教師のチカラ』（日本標準）という教育雑誌を思い出した。私も何度か書かせていただいたことがある。残念ながら休刊になってしまったが…。

２０１１年７月に発行された「№006」に、面白い記事が載っていた。新学習指導要領が本格実施されたことを受けての「緊急座談会！」である。参加者は、編集委員の杉渕鐵良氏、鈴木健二氏、土作彰氏の３人。彼らの言葉が、最高に面白い！一部だけ紹介する。まずは、杉渕氏の第一声。

杉渕■教師は、学習指導要領なんてほとんど見ませんよ。教科書会社の指導書は見ると思いますが。

なはは。「杉渕さん、大好き！」と、叫びたくなる。でも、これが、現実だ。

鈴木■学習指導要領を見て、何か影響を受ける教師を、あまり見たことがない。指導力がある教師は、何がどうなろうと、大事なところを押さえた指導をするから影響を受けない。

これ、その通り。たとえば、「主体的・対話的で深い学び」という言葉である。これ、新しい言葉を出すまでもない。力のある教師は、昔から、やってきた。

それにしても、『教師のチカラ』は、面白い！それだけに、休刊が残念だ。
今の私は、学習指導要領の言葉にこだわらない。その教材が持つ本質とか、どうでもいい。その教材の持つ真のねらいに迫れなくていい。だから、指導案を書くために、学習指導要領をじっくり読むことはない。
では、どうやって、指導案、細案をつくっているか？

最近は、ネットで、いろいろな指導案が調べられる。それらの中から、自分の授業に合った指導案をコピペする。そして、自分の授業に合うように修正する。

私は、指導案にこだわりがない。指導案は、手抜きで、十分だ。
しかし、私は授業にはこだわる。だから、研究授業で発する教師の言葉は全て書き出す。

授業を成り立たせているのは、教師の具体的な発問や指示なのだ。

指導案は手を抜いて、具体的な準備に力を入れよう。その方が、授業力がアップする。

教師は段取り力で楽できる

今年度は、久しぶりに「新体力テスト」が行われた。コロナ禍で、ずっと中止だったように記憶している。「記憶している」としか書けないほど、長い間、コロナに苦しめられているな。本当に、「コロナのバカ」である。

久しぶりに「新体力テスト」をやって、思い出したことがある。私は、「新体力テスト」の仕切りが得意。ずっと体育主任をやっていたせいもある。

しかし、それ以上に発揮できるのが、私の段取り能力。「新体力テスト」は、教師の段取り能力が、もろに表れる行事なのだ。

たとえば、私の大昔の著書『教室に笑顔があふれる中村健一の安心感のある学級づくり』（黎明書房）に、次のような記述がある。

私のクラス（5年生36人）で45分間の授業時間を使って陸上記録会を行いました。最初の10分弱の時間で係の子が準備運動をしました。そして、クラス全員が2投ずつソフトボール投げの記録を取りました。さらに、クラス全員が100ｍ走の記録を取ってもまだ時間が余りました。そこで、クラス全員が50ｍ走の記録も取りました。それでも、まだ10分以上の時間が余ったので、クラスみんなで体を使うゲームを３つ楽しみました。

これは、学級通信でも紹介している事実です。

調べてみたら、２０１１年発行の本だった。10年以上前かあ。記憶も曖昧になるよなあ。ということで、訂正。「新体力テスト」ではなく、「陸上記録会」でした。

しかし、「ソフトボール投げ」も、同じ。「50ｍ走」も、同じ。この時の中村学級が、いかに素早く記録を取っているかが、分かるだろう。

これ、もちろん、子どもたちが育っているお陰でもある。良いクラスをつくれば、子どもたちは、素早く動けるようになる。だから、わずか45分間で、これだけの種目をこなすことができたのだ。

それにプラスして、当時の私の段取りの良さも、理由の1つだ。

ひどいクラスだと、ソフトボール投げだけで、45分間が終わってしまうこともある。

時間の無駄が大嫌いな私は、そんなことは、絶対にしない。段取りよく子どもたちを動かして、45分間でたくさんの種目をこなせるようにする。

もちろん、ソフトボール投げの記録が早く取れればいい、というわけではない。

まずは、技術的なことを教える。投げる角度は、45度。斜め上を見て、投げる。投げる円の1mの使い方も、説明する。投げる時のステップも、みんなで練習する。

さらに、安全面で気をつけることも伝える。たとえば、男子が記録を取る間、女子は、ボール拾いである。女子には、教師が決めた線より、絶対に前に出ないように言う（5年生なら、原則、男子45m、女子30m。遠くまで投げそうな子の時は、さらに後ろに下がらせる）。そして、取ったボールは、投げる円より右側に、転がして返す。男子は、投げる円より、絶対に前に出ない（線を引いておくと分かりやすい）。転がってきたボールを受け取ったら、手に持ったまま箱に入れに行く。絶対に、投げない。

ソフトボール投げで怖いのは、ケガ。ケガをしないための約束は徹底しないといけない。

技術的なことを教え、安全面をきちんと配慮した上での、段取り、スピードが必要なのだ。

ソフトボール投げの仕切りを見れば、その教師の段取り能力が分かりそうである。

段取り能力の高い教師は、学級づくりの能力も高い。

先にも書いたが、私はそう考えている。となれば、

ソフトボール投げの仕切りを見れば、学級づくりの能力も分かりそうだ。

教員採用試験で、ソフトボール投げの仕切りをさせてみるのも、面白いと思う。その受験生が、段取り能力のセンスがあるか？学級づくりのセンスがあるか？分かる気がする。

教員採用試験の志願倍率が1倍程度になってしまった今、残念ながら、こんな提案は必要なくなってしまった。教師になってくれる人なら、どなたでも歓迎するしかない。

いつの日か、教師が人気商売に復活する日が来て欲しい。そして、その時には、ソフトボール投げの仕切りを採用試験で行って欲しい。

必要のない争いからは、手を引け

この原稿を書いている今は、夏である。夏と言えば、クールビズ。私は、ポロシャツにスラックスという、ラフな格好で勤務している。教育委員会からのお達しの通りにしているだけ。つまり、お墨付き。校長や教頭も、私と似たようなものである。

この本が出るのは、冬なのかな。冬は、私は、セーターにスラックスだ。スーツは着ない。ネクタイもしない。校長や教頭は、スーツである。もちろん、ネクタイもしている。

セーターにノーネクタイは、教育委員会のお墨付きではないからだ。それでも、私は、管理職をはじめ、周りから指導を受けたことはない。だから、この格好を続けている。

ネクタイにスーツで、昼休み、子どもと全力で遊べるか？まあ、これは、言い訳だな。

私は、物臭な男である。スーツが嫌い。ネクタイが嫌い。理由は、ただこれだけである。

そんな私がスーツを着る時がある。参観日である。懇談会である。保護者に会う時には、必ずスーツを着る。ネクタイも着ける。息苦しさを我慢して、フォーマルな格好をする。教育委員会などのお客さんが来る時も、そうだな。スーツを着、ネクタイを締めて、出迎える。

これは、「お客さんを迎える時には、礼儀を尽くすべきだ」なんて、強い思いを持ってやっているわけではない。私は、服装に、全くこだわりがないからだ。

こだわりがないから、普段は、自分が楽なように、カジュアルな格好で過ごす。逆に、お客さんが来る時には、フォーマルなスーツにする。

こだわりがないから、相手から少しでも「おやっ?」と思われる行動はしない

ようにしているのだ。こうやって、私は、教師人生を過ごしてきた。いや、人生もだ。

こんなことを書いたのも、ある若手のFacebookの記事を読んだからだ。いや、若手ではないな。私より年下というだけ。もう、ベテラン教師と呼ばれるに相応しい歳だろう。

そんな彼が、学校訪問の時、意図的にカジュアルな格好をしたらしい。学期末の個人懇

談も、意図的にカジュアルな格好をしたらしい。

私なら、こんなことはしない。

自分のこだわりのないところで、無駄な争いをしなくて済むようにする

ことが大事だと考えているからだ。

もちろん、教師の服装に関することが、彼の一番のこだわりなら、主張して構わない。戦って構わない。

しかし、そんなことはないだろう。教師の服装なんて、他の教育的な課題に比べれば、非常に些細なことである。そんな些細なことに、私は、時間と労力を割く気はない。

自分のこだわりのないところで、無駄な争いをしなくて済むようにする

ことが、楽に楽しく教師人生を楽しむコツである。

無駄な争いを生むような立ち振る舞いをしない。そんな「策略」が大切だ。

第3章

ブラックの「おまけ」を愛する読者に捧ぐ

人を罵倒するような人間は、不幸になれ！

2022年7月8日。テレビは、安倍晋三元首相の訃報ばかりだった。

私は、安倍氏の選挙区、山口県に住んでいる。大昔、若き日の安倍氏に会ったこともある。ブレッド&バターのライブでのことだ。友人からチケットをもらって行った。すると、そのライブは、安倍氏が主催したものだった。ジャンケン大会に勝って、CDをもらった。安倍氏と、握手もした。だから、多少、安倍氏に思い入れはある。

安倍氏の訃報に対し、様々なコメントが発表された。たとえば、岸田総理のコメントだ。

「民主主義の根幹たる選挙が行われている中、安倍元総理の命を奪った卑劣な蛮行が行われた。断じて許せるものではなく、最も強い言葉で、改めて非難を申し上げます」

これらのコメントに、私は猛烈な違和感を感じた。まずは、家族へのお悔やみが先ではないか。一番悲しんでいるのは、間違いなく家族だ。それなのに、お悔やみの一言もない。「民主主義」うんぬんは、後でいい。政治家としてではなく、まずは個人だと強く思う。話が逸れた。まあ、読者も慣れてきたかな。『ブラック』には、こういう脱線が多い。特に「おまけ」ページには。でも、「おまけ」のファンも多い。許してくれることだろう。では、やっと本題。最近の保護者は、教師を批判することが多い。しかも、面と向かって批判する。いや、批判ではないな。面と向かって、罵倒する。教師の人間性を否定するような、過激な発言も多い。

保護者の攻撃を受け、涙する教師も少なくない。私も、職員室で泣く教師を、何人も見てきた。若い女性教師だけではない。ベテラン教師も、男性教師もいる。多くの教師が、保護者の理不尽な言動に、苦しめられているのだ。

そんな教師たちに、私がよくかける言葉がある。

あんな人間の言うことは、全く気にしなくていい。あんなことを面と向かって言える人間が、幸せな人生を送れるわけがない。間違いなく、不幸な人生を歩んでいるはずだよ。

私の言葉は、当たっているはずだ。教師に向かって罵声を浴びせるなんて、まさに「卑劣な蛮行」である。教師の人間性を否定するなんて、「卑劣な蛮行」である。教師を攻撃するなんて「卑劣な蛮行」をする保護者が、幸せな人生を歩めるわけがない。私だって、保護者から攻撃されることがある。そんな時は、心の中で、強く思う。

不幸になれ!!!!

と。もちろん、顔には出さない。相手の怒りを静めるまで、謝罪に徹する。ひたすら低姿勢で、謝り続ける。それでも、心の中では「不幸になれ!」と、思っている。

若手教師たちも、保護者の理不尽な言動は、「不幸になれ!」と思って、我慢しよう。

なんで、こんなことを書いたかって?まあ、「卑劣な蛮行」っていう言葉が使ってみたかっただけなのよ。私は、そんな男です。

出品作品は、親の顔色を見て決めよ

くり返し書いている。今は、夏休みである。私の夏休みの宿題は、毎年、『ブラック』。この1冊を仕上げることが、私に課せられたノルマである。

子どもたちにも、当然、夏休みの宿題がある。正直言えば、私は、夏休みの宿題は、いらないと思っている。だから、「夏休みの宿題については、寛容だ。正直に言うと、チェックすらしない」。これは、『策略―ブラック生徒指導　二度と問題を起こさせない叱り方』の149ページに書いた言葉。詳しく知りたい方は、読んで欲しい。

私は、個人の意見では動かない。組織の一員として動く。だから、当然、夏休みの宿題も、出す。他のクラスと同じだけ、出す。

私のクラスだけ、夏休みの宿題を全く出さないなんて、非常に危険な行為である。保護者は、「えっ!? なんで?」と思うだろう。そして、不信につながる。組織の一員として、他のクラスと同じだけ、夏休みの宿題を出す。これは、自分を守るためなのだ。

今、私が勤務している学校では、夏休みの宿題に、読書感想文と読書感想画がある。子どもたちは、そのどちらかに取り組むことになっている。

読書感想文と読書感想画は、2学期にコンクールが行われる。出品できる作品は、「各学級○点」と、決められている。どの作品を選ぶかは、担任の裁量である。

私の選ぶ基準は、単純明快。

親の手が入っている作品を選ぶ

である。これに尽きる。読書感想文も読書感想画も、とりあえず出せば、賞状がもらえる。

つまり、誰の作品が出品されたのか?が、保護者にも伝わるのだ。

明らかに親の手の入った、まとまりのよい読書感想文がある。私なら、それを選ぶ。

明らかに親が技法を教えた、工夫された読書感想画がある。私なら、それを選ぶ。

親の手が入っているということは、それだけ熱心な保護者ということだ。それなのに、その作品を選ばなかったら、保護者は思うだろう。

「あんなに一生懸命かかせたのに、選ばれないなんて、おかしい」

と。そして、クレームが来るかも知れない。クレームが来なくても、それが不満になり、不信につながるかも知れない。

だから、私は、子どもだけが一生懸命かいた作品を選ばない。親の手の入った作品を優先して選ぶ。

科学作品も、同様である。科学展に出品するのは、親が一生懸命に手を入れた臭いのする作品だ。

もちろん、他のコンクールも、同様である。親のこだわりが感じられれば、最優先で出品する。まあ、読書感想文や読書感想画、科学展と違って、他のは出品数が決まっていないことが多い。だから、楽なのだけどね。それでも、忘れずに出品することが大切だ。


夏休みの作品は、親の手が入っているものを優先して出品しよう。

保護者と無用なトラブルを生まないための大切な「策略」である。

保護者をヨイショし、涙を誘え

今年も、生徒指導主任を担当している。ここ数年、ずっとである。生徒指導主任は、突発的なトラブルの対応に追われる。教務主任のように自分の予定通りには仕事ができない。自分のペースで仕事ができないのは、辛い。それでも、トラブル解決は、楽しい。トラブルが起き、助けを求められる。これが、実に嬉しい。

トラブルを解決すれば、同僚の教師を窮地から救ってあげられるからだ。

「ありがとうございました。中村先生のお陰で、助かりました」

なんて、お礼を言われるのも、嬉しい。私は本当は、ピュアな心の持ち主なのだ。いや、トラブルが嬉しいなんて、私はおかしいのかも。そういえば、「トラブルが嬉しいなんて、著者は変態」と、どこかのレビューに書いてあったな。

さて、本題。どうも、「おまけ」ページは脱線がすぎる。まあ、「おまけ」なので、許してね。私も、楽しんで書いているし。

大きなトラブルの場合には、保護者に学校に来ていただくこともある。たいてい、担任と私で対応する。保護者と子どもを合わせて、4人で話すことも多い。保護者に事情を説明し、子どもを指導する。さすがに、保護者の手前である。怒鳴りはしない。冷静に、諭すように、指導する。

その指導の最後に、私が必ず言う台詞がある。

「今日初めてお会いしたけど、いいお母さんじゃないか。君のことを本気で心配してくださっている。愛してくださっている」

まずは、保護者を褒める。「愛してくださっている」なんて、臭い台詞も、平気で言う。もちろん、日常生活では「愛してる」なんて言わない。いや、恥ずかしくて言えない。しかし、生徒指導主任を演じている時は、平気。本当に私は図太いなと、自分でも思う。

さらに、次のように続ける。

「こんな素敵なお母さんを悲しませるような真似は、絶対にしてはダメだ。二度とお母さんを悲しませないと、誓いなさい」

私のこの台詞に、涙する保護者も多い。してやったりである。

子どものしでかしたことで学校に来るなんて、最悪の事態である。保護者も、嫌に決まっている。

しかも、子どもの悪事を聞かされる。自分のかわいい子どもが説教される場面も見せられる。保護者にとって、良いことは1つもない。

だから、せめて、最後は、気持ちよく帰ってもらいたい。そう思って、保護者を褒めて終わることにしているのだ。

しかし、この保護者の涙が、有効なことも多い。悪さをする子だって、親の涙を見れば、ハッとする。そして、「さすがに悪かったな」と、少しは思う。子どもを追い込むこともできるのだ。

気持ちよく終わるためにも、子どもにお灸をすえるためにも、最後は保護者をヨイショして終わろう。

保護者を学校に呼んだ時には、有効な「策略」である。

負け戦で相手に要求するなよなあ

続けて、生徒指導の話。私の学校は、すぐに相談する風土ができている。だから、生徒指導主任の私のところには、いろいろな話が入ってくる。

報告を聞いて、正直、「もっと上手くやれよなあ」と思う話も少なくない。下手だなあと思うことが一番多いのが、スピード感がないこと。初期対応の一番のポイントが「素早さ」であることは間違いない。それなのに、多くの教師は、対応が遅い。「まだ電話してなかったの」なんて思うことがしばしばだ。

私なら、一定の解決を見れば、すぐに電話を入れる。解決しなくても、事実が分かった時点で電話を入れる場合もある。保護者が働いていても、構わない。着信が残れば、折り返しの電話がかかってくる可能性が高い。いずれにせよ、早く電話をしなければ、

子どもの口から保護者に伝わる前に、教師が保護者に伝えよ

(『策略―ブラック生徒指導　二度と問題を起こさせない叱り方』51ページ)という、生徒指導の大原則が守れなくなる。

読者も、生徒指導上の問題には、スピード感を持って、素早い対応をした方がいい。

さらに「下手だなあ」と思った事例を紹介しよう。

あるクラスで、定規が折られるという事件があった。しかも、筆箱に入れていた定規である。犯人は、筆箱から定規を出して、折ったのだろう。極めて、悪質な事件である。

担任も、悪質な事件だと、感じたようだ。そこで、学年主任に相談した。そして、学年全体で、事情を知っている子を探した。しかし、なんの手がかりも見つからない。仕方なく、犯人捜しをあきらめた。

だからと言って、このまま引き下がるわけにはいかない。学年で相談して、学年全体を集めて、指導することにした。指導したのは、次の2つ。

1つ目は、人の筆箱を勝手に開けてはいけない。人の物を壊してはいけない。これらは

犯罪行為で、絶対に許されないということだ。もちろん、物を壊された子は気持ちが悪いし、嫌な思いをすることも話した。まあ、1つ目は、OKかな。

問題は、2つ目だ。折られた定規は、V字形。この定規は、確かに折れやすい。だから、学校では、使用禁止。そこで、V字形の定規を持って来ないように指導したらしい。

これ、どうだろう？「このタイミングで指導するか？」と思ったのが、本音である。

このV字形の定規を持って来た子は、被害者だ。しかも、犯人は見つかっていない。折られる前に担任が気づき、指導すれば良かった話ではないか。そうすれば、この子は、V字形の定規を持って来なかったはずだ。そうすれば、この子が定規を折られるなんて被害に遭うことはなかったはずだ。

しかし、担任は、気づいていない。指導していない。定規が折られたのは、担任の責任である。これは、はっきりしている。それなのに、担任の責任を棚に上げて、子どもを責める。子どもに責任転嫁する。私には、何か腑に落ちない話に感じた。

さらに驚いたのは、保護者にも、この話をしていたことだ。

もちろん、定規を折られたことへの謝罪はした。犯人が見つからなかったことへの謝罪もした。そして、再発防止のために、学年全体で指導したことも話した。その中で、

「○○さん（被害者）にも、V字形の定規を持って来ないように指導しました。次は、普通の定規を持たせてください」

と、話したのだそうだ。

この保護者への電話の一番の目的はなんだろう？

定規を折られたことを、許してもらうためだ。
犯人が見つからなかったことを、許してもらうためだ。

定規を折られた上に、犯人が分からない。どう考えても、「負け戦」である。「許してもらう」ことを一番に「策略」を巡らせなければならない案件である。

それなのに、保護者に要求する意味が分からない。

負け戦で、要求をするな！

と、強く言いたい。

許してもらうことを最優先に「策略」を練らなければ、保護者の怒りは収まらない。

児童の仮面をはがすなんて、もってのほか

『すべての子どもを探究の主人公にする　本音で語り合うクラスづくり』（小川雅裕著、東洋館出版社）というタイトルの本があるらしい。「らしい」と書いたのは、読んでいないから。酔っ払っている時に、ネットで見かけただけである。

読んでいない本の批判をするなんて、いかがなものか？ そう思われて当然の行為である。絶対にしてはいけない行為である。それは、自覚している。

しかし、私の『ブラック』だって、タイトルだけで批判されることが多い。中身はまともなのに、だ。それでも、批判は、大歓迎。宣伝になるからだ。

ということで、ここで本を紹介すれば、著者も、きっと喜んでくださるだろう。そもそも、この本に対する批判ではないしな。ここで取り上げたいのは、タイトルの「本音」の

部分だけである。こういう独りよがりな考えをもとに、タイトルだけで批判していく。

この本のタイトルに限らず、「子どもの本音を引き出そう」みたいな発想を持っている教師は多い。しかし、私は、

子どもの本音なんか聞く必要は、全くないと思っている。

たとえば、私だって、学校では、本音は一切口にしない。クラスでの発言は、学級担任としてのものである。全校での発言は、生徒指導主任としてのものである。学校で、中村健一個人として話すことなど、ない。

学級担任の仮面をかぶって、話す。生徒指導主任の仮面をかぶって、話す。私は与えられた役割を演じているだけなのだ。

これは、子どもも同様である。

子どもも学校では、「児童」という仮面をかぶっておくべきだ。

と、強く思う。

昔は、子どもがしっかりと「児童」という役割を演じていた。だから、学校は、安定していた。だから、私が若い頃は、学級崩壊なんてなかった。

しかし、今は、違う。

子どもが「児童」という役割を演じられなくなった。

家庭と同じ、1人の消費者としての個人として振る舞っている。

だから、学級崩壊なんて惨事が起きてしまうのだ。

それなのに、子どもの本音を引き出そうなんて試みをしてはいけない。

子どもが「児童」という仮面を外すように促す行為は、もってのほかだ。

学校では、教室では、子どもに「児童」の役をしっかりと演じさせよう。

みんなが、ありのままの自分を出すと、集団生活は成り立たない。

『ブラック』を書いてきて、良かったなあ

『ブラック』シリーズも、本書で9冊目である。毎年、夏休みに1冊ずつ書き続けてきた。だから、もう9年も書き続けてきたことになる。

今年52歳だから、44歳の時からかあ。まさに、私のライフワークと言える作品だ。『ブラック』を書いている間に、私も歳を取ったもんだ。

『ブラック』シリーズが続いたのは、売れたからに他ならない。売れない本は、消えていく。たまたま売れたから、続いたのだ。シリーズ累計は、10万部に迫っていると聞く。本当に有り難いことである。

こんなに売れているはずなのに、実は、実感がない。読者の感想が、あまり聞こえてこないからだ。聞こえてくるのは、主に、悪口。

曰く「品がない」。曰く「タイトルに騙された」。曰く「鼻につく」である。

まあ、悪口は、大歓迎だけどね。悪口を書いてくれれば書いてくれるだけ、話題になる。そして、その分、本が売れる。悪口は宣伝になるので、本当に有り難い。

こんな風に考える私は、本当に図太い。まさにブラックだ。

そんな私が、純粋に、嬉しかったことがある。ブラック中村がホワイトになるほど嬉しかったことがある。

私の思い入れが一番強い本は、『策略—ブラック学級崩壊サバイバル術』。私は、この本を書くために、生まれてきた。そんな大切な本に、次のようなお手紙をいただいた。ご本人の許可を得て、ここに紹介する。なお、「匿名で」との条件である。個人が特定されそうな部分は、伏せ字にする。また、中略を入れる。


初めまして。○○県○○市立○○小学校の○○○○と申します。見知らぬものから、突然、お手紙が送られてきて、困惑されたかもしれません。読むのに、時間をとってしまい、申し訳ございませんでした。

今回、手紙を送った理由が、

中村　健一先生の著書に救われたお礼

です。

教員生活20年目になった今年。私は転勤したての学校で6年生担任となりました。その結果、2学期から病休になってしまいました。原因は、「一人の子どもからの暴言・授業妨害行為とその子の保護者からの理不尽な苦情」の積み重ねから、精神的に病んでしまいました…。

それまでの自分は、〇〇（教育団体）で10年間学び、考え方の違いから〇〇から離脱。その後、一緒に離脱した〇〇市の先生と「〇〇」というサークルを立ち上げ、学び合っています。（中略）

その成果もあり、自意識過剰な部分もありますが、学校の中心として、訳あり学級を幾度も持ち、研修主任や生徒指導主任などをしてきていました。

今振り返ると、そういう状況で、私はいつしか「自分は勉強しているから大丈夫」という意識があったのだと思います。転勤の際も、「何年生でもいいです」と返事してしまいました。

蓋をあけたら、その学校で一番、気性の荒い親子を担当。そして、今年、教師人生で初めて建て直せないと思うぐらい崩されました。しかも、1学期という短い期間に…。今まで、訳ありのクラスを何度も持ち、乗り越えてきた私。「学校の中心人物」という自負を背負ってきたつもりなのに、うまくいかない現実。

情けなさと怖さに打ちのめされ、夏休み明け直前に病休となってしまいました…。現在は、90日間の「病気休暇」後、担任を外れ、少人数算数指導として、復帰しています。

今回、私が復帰できたのは、中村先生の著書『策略―ブラック学級崩壊サバイバル術』のお陰です。この著書で、中村先生は、

- 学級崩壊は運の悪い宝くじにあたったものだ
- 学級崩壊は教師の力量と全く関係ない
- 転勤したばかりの教師を高学年、ましてや6年生担任にするのはやめてくれ
- エースと呼ばれる力をもった学級でも学級崩壊は起きている
- やめたくなったら病休に入れ

と書いておられました。

この著書は、「現場の、特につらい目にあっている先生方の気持ちを表していて救われる」と思います。○○（教育団体）所属時代、「学級崩壊するのは力量が低い教師」と刷り込まれていたので、今回、うまくいかなかったことに、自分の力のなさを感じ、自身を凄く責めました。

でも、中村先生の著書には「あなたのせいではないのですよ」という優しいメッセージがあふれていました。学級を壊した先生方には本当に救いとなる著書です。

この著書のお陰で、「担任を外れるという情けない形だけど復帰してみよう」という気持ちになれました。担任を外れた分、職員室での気まずさはあるのですが、復帰できてうれしかったです。本当にありがとうございます。

中村先生の「ブラック著書」はいつも面白く、先述した私が所属している「○○」にもファンがたくさんいます。コロナ禍がおさまったら、いつか、中村先生の講座を受講したいです。

突然の手紙、申し訳ございませんでした。これからも中村先生に学びをいただきたいと思っています。ありがとうございました。

私は、この手紙を読んで、涙した。

これほど力のある方が、どれだけ辛かっただろう。どれだけ苦しかっただろう。

手紙にある通り、この教師は、サークルや教育書で意欲的に学んでいる。厳しいクラスを率先して担任する優しさも持っている。20年のベテランで、学校でもエースと認められている存在だ。プロ教師としてのプライドも高い方である。カリスマと言っていい。

そんなすごい教師が、学級崩壊という不運に出会ってしまったのだ。その辛さ、苦しさは、普通の教師以上である。間違いなく、地獄の苦しみだ。

この教師は、その後希望して、担任に復帰した。これを聞いて、飛び上がりたいほど嬉しかった。

私の本が少しでも役に立てたのなら、これ以上幸せなことはない。『ブラック』を書いてきて、本当に良かったと心から思えた瞬間である。9年間の努力が報われた感じだ。

私は、ずっと「教師の味方だ！」と、公言している。この教師のように、日本の教師は、誠実だ。勉強熱心だ。能力も高い。

それなのに、素晴らしい教師たちが報われない。これは、絶対におかしい。

素晴らしい教師たちは、日本の宝だ。教師が報われる日本にしよう！

【著者紹介】

中村　健一（なかむら　けんいち）

1970年，父・奉文，母・なつ枝の長男として生まれる。

名前の由来は，健康第一。名前負けして胃腸が弱い。

酒税における高額納税者である。

キャッチコピーは「日本一のお笑い教師」。「笑い」と「フォロー」をいかした教育実践を行っている。しかし，この『ブラックシリーズ』でその真の姿，「腹黒」をカミングアウト。


【主要著書】


『策略―ブラック学級づくり　子どもの心を奪う！クラス担任術』

『策略プレミアム―ブラック保護者・職員室対応術』

『策略―ブラック授業づくり　つまらない普通の授業にはブラックペッパーをかけて』

『策略―ブラック学級開き　規律と秩序を仕込む漆黒の三日間』

『策略―ブラック運動会・卒業式　追い込み鍛える！行事指導』

『策略―ブラック生徒指導　二度と問題を起こさせない叱り方』

『策略―ブラック学級崩壊サバイバル術』

『策略―ブラック新卒１年目サバイバル術』

（以上，明治図書）

策略―ブラック仕事術
誰にも言えない手抜きな働き方

2023年２月初版第１刷刊　©著　者　中　村　健　一
2024年１月初版第３刷刊　発行者　藤　原　光　政
発行所　明治図書出版株式会社
http://www.meijitosho.co.jp
（企画）佐藤智恵（校正）武藤亜子
〒114-0023　東京都北区滝野川7-46-1
振替00160-5-151318　電話03(5907)6703
ご注文窓口　電話03(5907)6668
＊検印省略　組版所　株　式　会　社　カ　シ　ヨ

Printed in Japan　ISBN978-4-18-360030-1